한국수력
원자력

직무적성검사

한국수력원자력

직무적성검사

초판 발행   2022년 3월 30일
개정판 발행   2026년 3월 20일

편 저 자 | 취업적성연구소
발 행 처 | ㈜서원각
등록번호 | 1999-1A-107호
주   소 | 경기도 고양시 일산서구 덕산로 88-45(가좌동)
교재주문 | 031-923-2051
팩   스 | 031-923-3815
교재문의 | 카카오톡 플러스 친구[서원각]
홈페이지 | goseowon.com

PREFACE

우리나라 기업들은 1960년대 이후 현재까지 비약적인 발전을 이루었다. 이렇게 급속한 성장을 이룰 수 있었던 배경에는 우리나라 국민들의 근면성 및 도전정신이 있었다. 그러나 빠르게 변화하는 세계 경제의 환경에 적응하기 위해서는 근면성과 도전정신 이외에 또 다른 성장 요인이 필요하다.

한국기업들이 지속가능한 성장을 하기 위해서는 혁신적인 제품 및 서비스 개발, 선도 기술을 위한 R&D, 새로운 비즈니스 모델 개발, 효율적인 기업의 합병·인수, 신사업 진출 및 새로운 시장 개발 등 다양한 대안을 구축해 볼 수 있다. 하지만, 이러한 대안들 역시 훌륭한 인적자원을 바탕으로 할 때에 가능하다. 최근으로 올수록 기업체들은 자신의 기업에 적합한 인재를 선발하기 위해 기존의 학벌 위주의 채용을 탈피하고 기업 고유의 인·적성검사 제도를 도입하고 있는 추세이다.

한국수력원자력에서도 업무에 필요한 역량 및 책임감과 적응력 등을 구비한 인재를 선발하기 위하여 고유의 필기전형을 치르고 있다. 본서는 한국수력원자력 5직급 및 공무직 채용에 대비하기 위한 필독서로 한국수력원자력 필기전형의 출제경향을 철저히 분석하여 응시자들이 보다 쉽게 시험유형을 파악하고 효율적으로 대비할 수 있도록 구성하였다.

신념을 가지고 도전하는 사람은 반드시 그 꿈을 이룰 수 있습니다. 처음에 품은 신념과 열정이 취업 성공의 그 날까지 빛바래지 않도록 서원각이 수험생 여러분을 응원합니다.

STRUCTURE

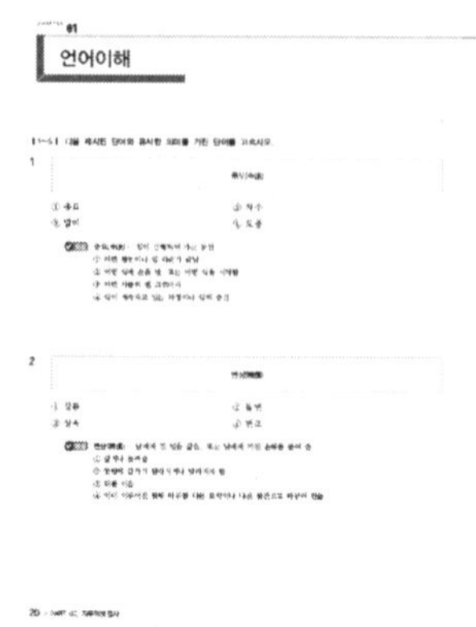

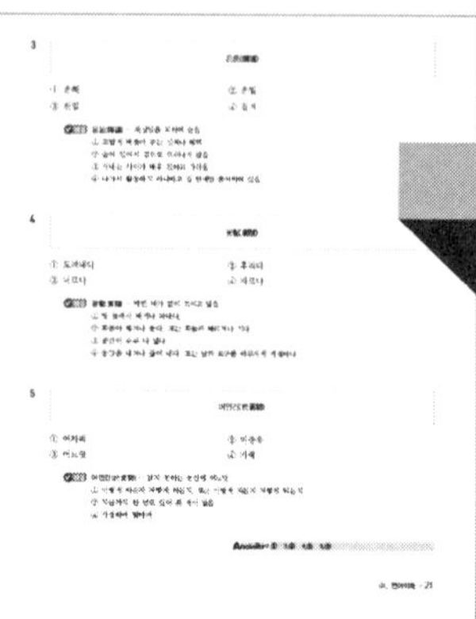

직무적성검사

적중률 높은 영역별 출제예상문제를 상세한 해설과 함께 수록하여 학습효율을 확실하게 높였습니다.

인성검사

인성검사의 개요와 다양한 유형의 인성검사를 수록하여 실전에 대비할 수 있다.

면접

면접기출을 실어 채용 마지막까지 완벽하게 준비할 수 있다.

CONTENTS

01 기업소개

1 한국수력원자력 소개

(1) 일반 현황

① 개요 ··· 한국수력원자력㈜은 '전력을 안정적으로 공급하여 국민의 삶을 풍요롭게 하고, 국가 경제 발전의 밑거름이 된다.'는 숭고한 사명감과 자부심을 회사 발전의 원동력으로 삼아 국내 전력의 약 32.04%(2025년 말 기준)를 생산하는 우리나라 최대의 발전회사이다.

② 발전설비 현황

(2025. 12. 31.)

구분		운전기수(호기)	설비용량(MW)	계(점유율)
원자력	고리	3	2,550	26,050MW(82.76%)
	신고리	2	2,000	
	새울	2	2,800	
	한빛	6	5,900	
	한울	6	5,900	
	신한울	2	2,800	
	월성	3	2,100	
	신월성	2	2,000	
신재생	수력	21	595.78	607.48MW(1.93%)
	소수력	16	11.70	
	태양광	70	88.68	118.03MW(0.37%)
	풍력	1	0.75	
	연료전지	2	28.6	
양수		16	4,700	4,700MW(14.93%)
합계		152	31,475.51MW(100%)	

③ 발전소 현황

㉠ 원자력 발전소 현황

(2025. 12. 31.)

발전소명	위치	설비용량(MW)	원자로형	상업운전
고리#2	부산광역시 기장군	650	가압경수로	1983. 07. 25.
고리#3		950		1985. 09. 30.
고리#4		950		1986. 04. 29.
신고리#1		1,000	가압경수로	2011. 02. 28.
신고리#2		1,000		2012. 07. 20.
새울#1	울산광역시 울주군	1,400	가압경수로	2016. 12. 20.
새울#2		1,400		2019. 08. 29.
월성#2	경상북도 경주시	700	가압중수로	1997. 07. 01.
월성#3		700		1998. 07. 01.
월성#4		700		1999. 10. 01.
신월성#1		1,000	가압경수로	2012. 07. 31
신월성#2		1,000		2015. 07. 24
한빛#1	전라남도 영광군	950	가압경수로	1986. 08. 25.
한빛#2		950		1987. 06. 10.
한빛#3		1,000		1995. 03. 31.
한빛#4		1,000		1996. 01. 01.
한빛#5		1,000		2002. 05. 21.
한빛#6		1,000		2002. 12. 24.
한울#1	경상북도 울진군	950	가압경수로	1988. 09. 10.
한울#2		950		1989. 09. 30.
한울#3		1,000		1998. 08. 11.
한울#4		1,000		1999. 12. 31.
한울#5		1,000		2004. 07. 29.
한울#6		1,000		2005. 04. 22.
신한울#1		1,400		2022. 12. 07.
신한울#2		1,400		2024. 04. 05.

ⓛ 원자력발전소 정지 현황

(2025. 12. 31.)

발전소명	위치	설비용량(MW)	원자로형	상업운전	비고
고리#1	부산광역시 기장군	587	가압경수로	1978. 04. 29.	영구정지 (2017. 06. 18.)
월성#1	경상북도 경주시	679	가압중수로	1983. 04. 22.	영구정지 (2019. 12. 24.)

ⓒ 수력 · 소수력 발전소 현황

• 수력

(2025. 12. 31.)

구분	화천	춘천	의암	청평	팔당	칠보	강릉
설비용량(MW)	108(4기)	62.28(2기)	48(2기)	140.1(4기)	120(4기)	35.4(3기)	82(2기)
총저수량(백만m^3)	1,018	150	80	185.5	244	466	51.4
시설년도(년)	1944	1965	1967	1943(2011)	1972	1945(1965)	1990

※총 21기 595.78MW

• 소수력

(2025. 12. 31.)

구분	강림	보성강	괴산	무주	양양	산청	예천	토평
설비용량(MW)	0.48(3기)	4.5(2기)	2.8(2기)	0.4(1기)	1.55(3기)	0.995(2기)	0.925(2기)	0.045(1기)
시설년도(년)	1978	1937	1957	2003	2004(2020)	2010	2011(2018)	2011
위치	강원 횡성	전남 보성	충북 괴산	전북 무주	강원 양양	경남 산청	경북 예천	경기 구리

※총 16기 11,695MW

ⓔ 양수 발전소 현황

(2025. 12. 31.)

구분		청평양수	삼랑진양수	무주양수	산청양수	양양양수	청송양수	예천양수
설비용량(MW)		400(2기)	600(2기)	600(2기)	700(2기)	1,000(4기)	600(2기)	800(2기)
댐(상부)	높이	62	88	60.7	86.9	72	89.8	73
	길이	290	269	287	360	347	400	620
총저수량(백만톤)		2.7	6.5 / 10.1	3.7 / 6.7	6.4 / 7.4	4.9 / 9.2	7.1 / 10.2	6.9 / 8.9
시설년도		1980	1985	1995	2001	2006	2006	2011

※ 총 16기 4,700MW

㉤ 그 외 발전소 현황

구분		사업명청송양수	설비용량(MW)	준공연도	위치
태양광	자체	한빛솔라 #1~6	21.364	2007/2008/2012/2020	전남 영광
		한빛본부 주차장	0.194	2019	전남 영광
		예천 #1,2	2.015	2012	경북 예천
		고리 #1,2	6.855	2021	부산 기장
		삼랑진양수 #1,2	2.773	2019	경남 밀양
		보성광 #1,2	1.991	2018	전남 고흥
		농가참여형	0.073	2017	경기 가평
		수력교육훈련센터	0.091	2017	경기 가평
		청평양수	0.095	2018	경기 가평
		청평양수 유휴부지 #1,2	0.697	2022	경기 가평
		한강본부	0.098	2021	강원 춘천
		청송양수	0.046	2018	경북 청송
		청송양수 수상 #1	4.445	2021	경북 청송
		청송양수 수상 #2	0.787	2024	경북 청송
		괴산수력	0.245	2018	충청 괴산
		보선2호	0.498	2019	경기 연천
		연천2호	0.498	2019	경기 연천
		월성 태양광	3.397	2020	경북 경주
		월성자재창고	1.391	2022	경북 경주
		월성3발 주차장	1.968	2022	경북 경주
		한솔태양광	0.998	2020	경북 경주
		대성메탈	0.983	2021	경북 경주
		본사 사옥 지붕	1.296	2021	경북 경주
		녹동산단2~4	0.744	2022	경북 경주
		광진상공	1.820	2022	경북 경주
		세진이앤드티	0.840	2022	부산 강서
		제주 1단계	4.907	2019/2020	제주시, 서귀포시
		제주 2단계	4.923	2021	
		제주 3단계	4.251	2021	
		울산남부 지붕	1.000	2023	울산 북구
		TPS상개	2.992	2023	울산 울주군
		산청양수 수상	3.024	2023	경남 산청
		원방테크	0.999	2023	충남 아산
		삼홍기계 제3공장	0.499	2023	경남 함안
		하나3공장	1.628	2023	경기 화성

구분		사업명청송양수	설비용량(MW)	준공연도	위치
태양광	자체	거평그린	0.708	2023	경북 영천
		팔팔온유어완트	0.250	2023	경북 경산
		대명산업사	0.393	2024	경북 구미
		산호수출포장	0.907	2024	경남 함안
		삼흥기계 제2공장	1.999	2024	경남 창원
		오르비텍	0.998	2025	경남 함안
		수산중공업	2.002	2025	경북 포항
		유니온	0.998	2025	경북 포항
	소계		88.68	–	–
풍력	자체	고리 풍력	0.75	2008	부산 기장
	소계		0.75	–	–
연료전지	자체	포항에너지파크	19.8	2023	포항 남구
		숲발전소	8.8	2025	울산 울주
	소계		28.6	–	–

(2) 2036 중장기 전략체계도

① 미션 및 비전

㉠ 미션 : 친환경 에너지로 삶을 풍요롭게

㉡ 비전 : 탄소중립 청정에너지 리더

② 핵심가치

㉠ 안전 최우선(Safety First) : 우리 모두가 안전의 최종책임자라는 책임의식을 바탕으로, 기본과 원칙을 준수하며 더욱 안전한 환경을 만들기 위해 지속적으로 안전체계를 진화시킨다.

- 안전책임의식 : '안전의 최종책임자는 나'라는 인식을 바탕으로, 안전을 생활화 함
- 기본과 원칙준수 : 안전과 관련한 기본과 원칙을 철저히 준수함
- 진화하는 안전체계 : 더욱 안전한 환경을 만들기 위해 안전체계를 지속적으로 발전시킴

㉡ 지속 성장(Sustainable Growth) : 구성원 모두가 각자 맡은 업무에서 탁월함을 추구하며, 끊임없는 개선과 발전적 도전을 통해 글로벌 최고 수준의 경쟁력을 확보한다.

- 탁월함 추구 : 맡은 업무에 필요한 역량을 지속적으로 개발하여 전문성을 확보함
- 끊임없는 개선 : 현재에 만족하지 않고 더 나은 모습을 위해 업무와 프로세스를 끊임없이 혁신하고 개선함
- 발전적 도전 : 회사와 나의 지속적 발전과 경쟁력 강화를 위해 새로운 시도를 함

ⓒ **상호 존중**(Shared Respect) : 공동의 목표 달성을 위해 서로의 다양성을 인정하고 열린 소통과 자발적 참여와 협업을 바탕으로 시너지를 창출한다.

- 다양성 인정 : 동료 및 타 조직에 대한 이해를 바탕으로 다름을 인정하고 존중함
- 열린 소통 : 다른 사람의 의견을 경청하고 자유롭게 서로의 의견을 나눔
- 참여와 협업 : 공동의 목표를 달성하기 위해 적극적인 참여와 협업으로 시너지를 만듦

ⓔ **사회적 책임**(Social Responsibility) : 국가와 국민에 대한 높은 사명감을 갖고, 우리를 둘러싼 다양한 이해관계자들과 소통하고 협력하여 친환경 에너지 공급을 통해 국가 에너지 안보에 기여한다.

- 공익 중시 : 공기업인으로서의 사명감과 책임의식을 바탕으로 국가와 국민의 이익을 우선함
- 상생 협력 : 다양한 이해관계자들과의 소통과 협력을 통해 함께 성장함
- 에너지 안보 : 내가 하는 일이 국가 에너지 안보에 기여한다는 자긍심을 갖고, 친환경 에너지의 안정적인 공급을 위해 노력함

③ **전략목표 및 전략방향**

低탄소 · 청정에너지 기반 사업성과 및 공공가치 창출		
전략목표	低탄소 · 청정e 기반 사업성과 창출	• 매출액 21.8조원(해외사업 3.6조원) • WANO PI 98점(글로벌 1위) • 해외 원전 신규 수주 10기+α • 신재생에너지 설비용량 9.8GW • 청정수소 생산량 33만톤
	효율성 기반 공공가치 창출	• 중대재해 Zero • 온실가스 감축 1.1억톤 • 지역수용성 75점
전략방향	안전 기반 원전 경쟁력 확보	세계 최고 수준 원전 안전성 강화 등 5개 과제
	차별적 해외사업 수주	원전 수출 역량 강화 등 6개 과제
	그린 융복합 사업 선도	수력 · 양수 미래 성장동력 창출 등 7개 과제
	지속성장 기반 강화	자원배분 최적화 등 7개 과제

채용안내

(1) 인재상

"국민의 사랑받는 한수원인"

① 기본에 충실한 인재(윤리의식/주인의식/안전의식) : 건전한 가치관과 윤리의식을 바탕으로, 본인의 역할과 책임을 다하며, 안전문화 정착에 기여하는 인재

② 배려하는 상생 인재(소통/협력/사회적 가치) : 사회에 대한 배려와 존중을 기반으로 이해관계자들과 함께 미래를 만들어 가는 가능성과 사회적 가치를 더 중시하는 인재

③ 글로벌 전문 인재(열정/전문 역량/글로벌 최고) : 자기 직무에 있어서 세계 최고가 되겠다는 열정으로 꾸준히 실력을 배양하는 전문성을 갖춘 인재

(2) 5(을)직급 및 공무직근로자 채용안내

① 채용조건

구분	세부내용
채용신분	• 5(을)직급 직원, 공무직근로자
근무조건	• 근무시간 : 주 40시간 근로 원칙 – 근로기준법 등에 따른 연장 · 야간 · 휴일 근무 가능 – 근로자의 근무형태(교대근무 등)에 따른 세부 근로 시간은 별도 운영 가능 • 근무장소 : 본사 및 전국 사업소 – 모집 단위 사업소는 입사 후 최초 근무지임이 원칙 – 단, 회사 경영환경, 인사 운영 방침 등에 따라 근무지 변동 가능
처우수준	• 당사 관련규정에 의거하여 급여/복지 적용
수습임용기간	• 입사일(입교일)로부터 3개월 적용. 관련규정에 의거하여 입사일자 및 처우수준 적용

② 응시자격

㉠ 공통사항

구분	주요내용
학력/성별/연령	• 제한없음(단, 당사 정년 만 60세 이상인 자는 지원 불가)
병역	• 남자의 경우 군복무를 마쳤거나 면제된 자에 한함(면접시작일 전까지 전역 가능한자 포함)
기타	• 지원서 접수마감일 기준으로 '채용결격사유'에 해당함이 없는 자 • 채용 예정일 즉시 근무가 가능한 자

㉡ 모집단위별 자격 및 경력 요건

직무분야	자격 및 경력 요건
간호사	• 다음 조건을 모두 만족하는 자 - (자격) 간호사 면허 소지자 - (경력) 병원 및 산업체 등 관련 시설(분야) 간호사 근무경력 1년 이상(단, 공고시작일 기준 간호사 업무 유휴기간이 2년 이내인 자)
조리사	• 다음 조건을 모두 만족하는 자 - (자격) 조리기능사 자격 소지자 - (경력) 집단급식시설 등 관련 시설분야 근무경력 1년 이상(식품위생법 제2조 제12호의 '집단급식소'에 해당하여야 함)
조리원	• 다음 조건을 만족하는 자 - (경력) 집단급식시설 등 관련 시설분야 조리업무 근무경력 6개월 이상(식품위생법 제2조 제12호의 '집단급식소'에 해당하여야 함)
계측장비 담당	• 다음 조건을 만족하는 자 - (경력) 계측기 및 교정 관련분야 근무경력 1년 이상
자동차 운전원	• 다음 조건을 모두 만족하는 자 - (자격) 1종 자동차운전면허 소지자(1종 보통 이상) ※ 공고시작일 이후 발급한 운전경력증명서를 제출하여야 하며, 유효한 면허에 한하여 인정(면허 정지 및 취소된 자는 응시 불가) ※ 최근 5년간 음주운전 경력이 없는 자(공고시작일 기준) ※ 공고시작일 이후 발급한 운전경력증명서(전체경력) 제출 必 - (경력) 국가 및 지방자치단체, 공공기관, 법인에 소속되어 자동차운전원 근무 경력 1년 이상(기관 장/임원 차량 운전기사 유경험자 우대)

③ 전형절차 및 전형내용

  ㉠ 입사지원서 작성

- 지역제한이 있는 모집단위에 지원하고자 하는 경우 또는 발전소 주변지역 가점을 인정받으려는 지원자는 채용홈페이지에서 해당지역 사업소의 지역주민 확인을 거친 후에 입사지원서 작성 가능
- 입사지원서는 채용홈페이지에서 작성하며, 입사지원서와 자기소개서를 함께 작성·제출
- 기재한 내용이 실제와 다르거나 자기소개서를 작성·제출하지 않은 경우 불합격 처리 원칙

  ㉡ 전형절차

구분	1차 전형	2차 전형	최종 합격자 결정
선발 인원	선발예정인원의 5배수	선발예정인원의 1배수	선발예정인원의 1배수
선발 기준	• 경력검증(적/부) • 직무적성검사(100) • 인재상 및 조직적합도검사(적/부) • 심리건강진단(면접자료) • 가점	• 면접(100) • 가점	• 신원조사(적/부) • 신체검사(적/부) • 비위면직자 확인(적/부)

  ㉢ 세부 전형내역

구분	세부내용
1차 전형	• 경력검증(적/부) – 자격 및 경력요건이 필요한 모집분야의 경우, 지원자가 제출한 관련 서류를 바탕으로 자격 및 경력의 적정성 여부 확인(적격 판정된 자에 한하여 필기시험 응시 가능) • 필기시험(100점) – 직무적성검사 : 언어이해, 언어추리, 응용계산, 수열추리, 사무지각, 공간지각(직무적성검사 점수를 100점 만점으로 환산하여 점수 적용, 소수점 셋째자리에서 반올림) – 직무적성검사 40점 미만자는 과락(부적격)으로 판정하여 불합격 처리(0점 처리) • 인재상 및 조직적합도 검사 : 적격/부적격 판정(부적격 판정 시 불합격 처리) • 심리건강진단 : 면접 보조자료로 활용(미응시 시 불합격 처리) • 가점(총점의 2~10%)
2차 전형	• 대상 : 1차 전형 합격자 • 개별면접(100점) : 입사지원서 및 자기소개서를 기반으로 개별 질의응답(20분 내외) • 가점(총점의 5~10%)
최종 전형	• 대상 : 2차 전형 합격자 • 신체검사, 신원조사 : 적격/부적격 판정(부적격 판정 시 불합격 처리) • 비위면직자 확인 : 비위면직자 등 취업제한 관련 체크리스트 수취 및 확인

④ 가점 … 1, 2차 전형에 가점 유형별로 적용(증빙서류 필수 첨부)

구분		세부 내용
지역가점	발전소주변	• 발전소주변지역주민 가점 적용 내용에 따라 5% 또는 10% 가점부여
	방폐장유치	• 방폐장유치지역주민 가점 적용 내용에 따라 5% 가점부여
일반가점	사회형평	• 취업지원대상자(관련법에 따라 10% 또는 5%), 장애인(10%)
		• 기초생활수급대상자(5%), 북한이탈주민(5%), 다문화가족의 자녀(5%), 자립준비청년(5%), 경력단절여성(2%), 다자녀 부모(2%)

02

직무적성검사

언어이해

┃1~5┃ 다음 제시된 단어와 유사한 의미를 가진 단어를 고르시오.

1

중도(中途)

① 종료 ② 착수

③ 말미 ④ 도중

> ✔ **해설** 중도(中途) … 일이 진행되어 가는 동안
> ① 어떤 행동이나 일 따위가 끝남
> ② 어떤 일에 손을 댐. 또는 어떤 일을 시작함
> ③ 어떤 사물의 맨 끄트머리
> ④ 일이 계속되고 있는 과정이나 일의 중간

2

변상(辨償)

① 상환 ② 돌변

③ 상속 ④ 변조

> ✔ **해설** 변상(辨償) … 남에게 진 빚을 갚음. 또는 남에게 끼친 손해를 물어 줌
> ① 갚거나 돌려줌
> ② 뜻밖에 갑자기 달라지거나 달라지게 함
> ③ 뒤를 이음
> ④ 이미 이루어진 물체 따위를 다른 모양이나 다른 물건으로 바꾸어 만듦

3

은둔(隱遁)

① 은혜　　　　　　　　　　② 은밀
③ 친밀　　　　　　　　　　④ 칩거

> ✔ **해설**　은둔(隱遁) … 세상일을 피하여 숨음
> ① 고맙게 베풀어 주는 신세나 혜택
> ② 숨어 있어서 겉으로 드러나지 않음
> ③ 지내는 사이가 매우 친하고 가까움
> ④ 나가서 활동하지 아니하고 집 안에만 틀어박혀 있음

4

광활(廣闊)

① 도려내다　　　　　　　　② 후리다
③ 너르다　　　　　　　　　④ 자르다

> ✔ **해설**　광활(廣闊) … 막힌 데가 없이 트이고 넓음
> ① 빙 돌려서 베거나 파내다.
> ② 휘몰아 채거나 쫓다. 또는 휘둘러 때리거나 치다.
> ③ 공간이 두루 다 넓다.
> ④ 동강을 내거나 끊어 내다. 또는 남의 요구를 야무지게 거절하다.

5

어언간(於焉間)

① 어차피　　　　　　　　　② 미증유
③ 어느덧　　　　　　　　　④ 가령

> ✔ **해설**　어언간(於焉間) … 알지 못하는 동안에 어느덧
> ① 이렇게 하든지 저렇게 하든지. 또는 이렇게 되든지 저렇게 되든지
> ② 지금까지 한 번도 있어 본 적이 없음
> ④ 가정하여 말하여

Answer　1.④　2.①　3.④　4.③　5.③

6

속행(速行)

① 엄격히　　　　　　　② 찬찬히
③ 낱낱이　　　　　　　④ 꼼꼼히

> ✔ 해설　속행(速行) … 빨리 행함
> ① 말, 태도, 규칙 따위가 매우 엄하고 철저하게
> ② 동작이나 태도가 급하지 않고 느릿하게
> ③ 하나하나 빠짐없이 모두
> ④ 빈틈이 없이 차분하고 조심스럽게

7

격감(激減)

① 감격　　　　　　　　② 급증
③ 감소　　　　　　　　④ 격간

> ✔ 해설　격감(激減) … 수량이 갑자기 줆

8

곧추다

① 돋우다　　　　　　　② 추리다
③ 굽히다　　　　　　　④ 곧차다

> ✔ 해설　곧추다 … 굽은 것을 곧게 바로잡다.
> ① 위로 끌어 올려 도드라지거나 높아지게 하다.
> ② 섞여 있는 것에서 여럿을 뽑아내거나 골라내다.
> ④ 발길로 곧게 내어 지르다.

9

꺼림하다

① 개운하다 ② 떠름하다

③ 칼칼하다 ④ 거치적거리다

> **✔ 해설** 꺼림하다 … 마음에 걸려 언짢은 느낌이 있다.
> ① 기분이나 몸이 상쾌하고 가뜬하다.
> ② 마음이 썩 내키지 아니하다.
> ③ 목이 말라서 물 따위를 마시고 싶은 느낌이다. 또는 맵거나 텁텁하여 목을 자극하는 맛이 있다.
> ④ 거추장스럽게 자꾸 여기저기 거치거나 닿다.

10

농익다

① 무르익다 ② 원숙하다

③ 설익다 ④ 흐무러지다.

> **✔ 해설** 농익다 … 과실 따위가 흐무러지도록 푹 익다. 또는 (비유적으로) 일이나 분위기 따위가 성숙하다.

▮11~20▮ 다음 제시된 두 단어의 관계를 고르시오.

11

박정 : 냉담

① 비슷한 의미이다.

② 상반된 의미이다.

③ 비슷하지도 상반되지도 않다.

> **✔ 해설** 박정(薄情) … 인정이 박함
> 냉담(冷淡) … 태도나 마음씨가 동정심 없이 차가움

12

열중 : 몰두

① 비슷한 의미이다.

② 상반된 의미이다.

③ 비슷하지도 상반되지도 않다.

> ✔ **해설**　열중(熱中) … 한 가지 일에 정신을 쏟음
> 몰두(沒頭) … 어떤 일에 온 정신을 다 기울여 열중함

13

백중(伯仲) : 호각(互角)

① 비슷한 의미이다.

② 상반되는 의미이다.

③ 비슷하지도 상반되지도 않다.

> ✔ **해설**　백중과 호각은 유의어 관계이다.
> 백중(伯仲) … 재주나 실력, 기술 따위가 서로 비슷하여 낫고 못함이 없음(＝ 호각)

14

알심 : 배알

① 비슷한 의미이다.

② 상반된 의미이다.

③ 비슷하지도 상반되지도 않다.

> ✔ **해설**　알심 … 은근히 동정하는 마음 또는 보기보다 야무진 힘
> 배알 … 속마음(겉으로 드러나지 아니한 실제의 마음)을 낮잡아 이르는 말 또는 배짱을 낮잡아 이르는 말

15

옹졸하다 : 척박하다

① 비슷한 의미이다.

② 상반되는 의미이다.

③ 비슷하지도 상반되지도 않다.

> **해설** 옹졸하다 … 성품이 너그럽지 못하고 생각이 좁음을 뜻한다.
> 척박하다 … 땅이 몹시 메마르고 기름지지 못함을 이르는 말이다.

16

손방 : 문외한(門外漢)

① 비슷한 의미이다.

② 상반되는 의미이다.

③ 비슷하지도 상반되지도 않다.

> **해설** 손방과 문외한은 유의어 관계이다.
> 손방 … 아주 할 줄 모르는 솜씨(어떤 일에 전문적인 지식이 없음)

17

통설 : 이설

① 비슷한 의미이다.

② 상반되는 의미이다.

③ 비슷하지도 상반되지도 않다.

> **해설** 통설 … 세상에 널리 알려지거나 일반적으로 인정되고 있는 설
> 이설 … 통용되는 것과는 다른 주장이나 의견

Answer　12.①　13.①　14.③　15.③　16.①　17.②

18

> 정수(精髓) : 진수(眞髓)

① 비슷한 의미이다.
② 상반되는 의미이다.
③ 비슷하지도 상반되지도 않다.

> ✔ **해설** 정수와 진수는 유의어 관계이다.
> 정수 … 사물의 중심이 되는 골자 또는 요점(= 진수)

19

> 오달지다 : 냉정하다

① 비슷한 의미이다.
② 상반되는 의미이다.
③ 비슷하지도 상반되지도 않다.

> ✔ **해설** 오달지다 … 사람의 성질이나 행동, 생김새 따위가 빈틈없이 꽤 단단하고 굳세다.
> 냉정하다 … 남의 사정은 돌보지 않고 자기 생각만 하다.

20

> 감궂다 : 험상궂다

① 비슷한 의미이다.
② 상반된 의미이다.
③ 비슷하지도 상반되지도 않다.

> ✔ **해설** 감궂다와 험상궂다는 유의어 관계이다.
> 감궂다 … 태도나 외모 따위가 불량스럽고 험상궂다.

21

구곡간장(九曲肝腸) : 구우일모(九牛一毛)

① 비슷한 의미이다.

② 상반된 의미이다.

③ 비슷하지도 상반되지도 않다.

> ✔ 해설 구곡간장(九曲肝腸) … 굽이굽이 서린 창자라는 뜻으로, 깊은 마음속 또는 시름이 쌓인 마음속을 비유적으로 이르는 말
> 구우일모(九牛一毛) … 아홉 마리의 소 가운데 박힌 하나의 털이란 뜻으로, 매우 많은 것 가운데 극히 적은 수를 이르는 말

22

동족방뇨(凍足放尿) : 임시방편(臨時方便)

① 비슷한 의미이다.

② 상반되는 의미이다.

③ 비슷하지도 상반되지도 않다.

> ✔ 해설 동족방뇨(凍足放尿) … 근본적인 해결책이 아닌 임시변통으로 나쁜 결과를 가져옴을 비유하는 말
> 임시방편(臨時方便) … 갑자기 생긴 일을 우선 그때의 사정에 따라 둘러맞춰서 처리함을 이르는 말

23

금상첨화(錦上添花) : 설상가상(雪上加霜)

① 비슷한 의미이다.

② 상반되는 의미이다.

③ 비슷하지도 상반되지도 않다.

> ✔ 해설 금상첨화(錦上添花) … 비단 위에 꽃을 더한다는 뜻으로 좋은 일에 또 좋은 일이 더하여짐
> 설상가상(雪上加霜) … 눈 위에 또 서리가 내린다는 뜻으로 어려운 일이 겹침

Answer 18.① 19.③ 20.① 21.③ 22.① 23.②

24

요순지절(堯舜之節) : 절개(節槪)

① 비슷한 의미이다.

② 상반된 의미이다.

③ 비슷하지도 상반되지도 않다.

> ✔ **해설** 요순지절(堯舜之節) … 요임금과 순임금이 덕으로 천하를 다스리던 태평한 시대
> 절개(節槪) … 신념이나 신의 따위를 굽히지 아니하고 굳게 지키는 꿋꿋한 태도

25

백계무책(百計無策) : 계무소출(計無所出)

① 비슷한 의미이다.

② 상반된 의미이다.

③ 비슷하지도 상반되지도 않다.

> ✔ **해설** 백계무책(百計無策) … 어려운 일을 당하여 온갖 계교를 다 써도 해결할 방도를 찾지 못함[= 계무소출(計無所出)]

26

득의만면(得意滿面) : 탁연(卓然)

① 비슷한 의미이다.

② 상반되는 의미이다.

③ 비슷하지도 상반되지도 않다.

> ✔ **해설** 득의만면(得意滿面) … 뜻한 바를 이루어서 얼굴에 기쁜 표정이 가득하다.
> 탁연(卓然) … 여럿 중에서 높이 뛰어나 의젓하다.

27

> • 꿀 먹은 벙어리
> • 침 먹은 지네

① 비슷한 의미이다.

② 상반되는 의미이다.

③ 비슷하지도 상반되지도 않다.

> **✔해설** ① 할 말이 있어도 못하고 있거나 겁이 나서 기를 펴지 못하고 꼼짝 못하는 사람을 비유적으로 이르는 속담이다.

28

> • 서리 맞은 구렁이
> • 삼밭에 쑥대

① 비슷한 의미이다.

② 상반되는 의미이다.

③ 비슷하지도 상반되지도 않다.

> **✔해설** 서리 맞은 구렁이 … 행동이 굼뜨고 힘이 없는 사람을 비유적으로 이르는 속담이다.
> 삼밭에 쑥대 … 좋은 환경에서 자라면 좋은 영향을 받게 됨을 비유적으로 이르는 속담이다.

29

> • 계란에도 뼈가 있다.
> • 말 속에 뜻이 있고 뼈가 있다.

① 비슷한 의미이다.

② 상반된 의미이다.

③ 비슷하지도 상반되지도 않다.

> **✔해설** 계란에도 뼈가 있다 … 늘 일이 잘 안 되던 사람이 모처럼 좋은 기회를 만났건만 그 일마저 역시 잘 안됨을 이르는 말
> 말 속에 뜻이 있고 뼈가 있다 … 말 뒤에 겉에 드러나지 아니한 숨은 뜻이 있다는 말

Answer 24.③ 25.① 26.③ 27.① 28.③ 29.③

30

- 개 발에 주석 편자
- 고양이 목에 방울 달기

① 비슷한 의미이다.

② 상반된 의미이다.

③ 비슷하지도 상반되지도 않다.

> **✔해설** 개 발에 주석 편자 … 옷차림이나 지닌 물건 따위가 제격에 맞지 아니하여 어울리지 않음을 비유적으로 이르는 말
> 고양이 목에 방울 달기 … 실행하기 어려운 것을 공연히 의논함을 이르는 말

▌31~35 ▌ 다음 제시된 어구풀이에 해당하는 단어 또는 관용구를 고르시오.

31

남의 사정을 돌보지 않고 제 일만 생각하는 태도가 있다.

① 야멸치다   ② 야속하다

③ 야무지다   ④ 야물다

> **✔해설** ② 박정하고 쌀쌀함을 이르는 말이다.
> ③ 사람됨이나 행동이 빈틈이 없이 굳세고 단단함을 이르는 말이다.
> ④ 과일이나 곡식 따위가 알이 들어 단단하게 익음을 이르는 말이다.

32

마음이 구슬퍼질 정도로 외롭거나 쓸쓸하다.

① 헌칠하다   ② 옹색하다

③ 처량하다   ④ 부실하다

> **✔해설** ① 키와 몸집이 크고 늘씬함을 이르는 말이다.
> ② 생활이 어려움 또는 활달하지 못하여 옹졸하고 답답함을 이르는 말이다.
> ④ 몸이 튼튼하지 못함 또는 내용이 실속이 없거나 충실하지 못함을 이르는 말이다.

33

> 겉으로는 드러나지 아니하고 깊은 곳에서 일고 있는 움직임

① 저류(底流)
② 강용(强湧)
③ 이연(怡然)
④ 경미(輕微)

✔ **해설** ① 강이나 바다의 바닥을 흐르는 물결, 겉으로는 드러나지 아니하고 깊은 곳에서 일고 있는 움직임을 비유적으로 이르는 말
② 억지로 권함
③ 기쁘고 좋음
④ 가볍고 아주 적어서 대수롭지 아니함

34

> 움직이지 아니하고 가만히 있는 상태

① 소담(小膽)
② 정태(靜態)
③ 태연(泰然)
④ 이탈(離脫)

✔ **해설** ① 겁이 많고 배짱이 없음
③ 마땅히 머뭇거리거나 두려워할 상황에서 태도나 기색이 아무렇지도 않은 듯이 예사로움
④ 어떤 범위나 대열 따위에서 떨어져 나오거나 떨어져 나감

35

> 보통사람들보다 뛰어난 인물

① 인재
② 자제
③ 도인
④ 우인

✔ **해설** ② 남의 집안의 젊은이를 뜻한다.
③ 도를 닦는 사람을 뜻한다.
④ 어리석은 사람을 뜻한다.

Answer　30.③　31.①　32.③　33.①　34.②　35.①

36

> 귀결

① 상대방의 의견을 높이는 말　　② 끝을 맺음

③ 본보기가 될 만한 것　　④ 세상에 보기 드문 솜씨

✔해설　귀결…끝을 맺음을 이르는 말로 결과, 종결, 결론이라고도 한다.
① 고지(高志)　③ 귀감(龜鑑)　④ 귀공(鬼工)

37

> 늘품

① 겉으로 드러나 보이는 모양새

② 앞으로 좋게 발전할 품질이나 품성

③ 질이 좋은 물품

④ 인격이나 작품 따위에 드러나는 고상한 품격

✔해설　① 볼품　③ 가품　④ 기품

38

> 틀거지

① 듬직하고 위엄이 있는 겉모양

② 사실은 가난하면서도 겉으로는 부자처럼 보이는 사람

③ 겉보기에는 거지꼴로 가난하여 보이나 실상은 집안 살림이 넉넉하여 부자인 사람

④ 아무것도 가진 것이 없는 거지

✔해설　② 든거지　③ 난거지　④ 땅거지

39

역성

① 무조건 한쪽 편만 들어 줌

② 역습하여 나아가 싸움

③ 분개하여 성을 냄

④ 적대하는 마음

✔해설 ② 역전 ③ 분노 ④ 적대심

40

곰살궂다

① 동작이 날쌔고 눈치가 빠르다

② 믿음성이 있다

③ 보기에 어리석고 둔한 데가 있다

④ 성질이 부드럽고 다정하다

✔해설 곰살궂다 … 성질이 부드럽고 다정함 또는 꼼꼼하고 자세함을 이르는 말이다.
① 기민하다 ② 미쁘다 ③ 미련스럽다

▎41~45▎ 다음 중 ( ) 안에 들어갈 단어로 바른 것을 고르시오.

41

> 인삼은 한국 고유의 약용 특산물이었으며, 약재로서의 효능과 가치가 매우 높은 물건이었다. 중국과 일본에서는 조선 인삼에 대한 ( )이/가 폭발적으로 증가하였다. 이에 따라 인삼을 상품화하여 상업적 이익을 도모하는 상인들이 등장하였다. 특히 개인 자본을 이용하여 상업 활동을 하던 사상들이 평안도 지방과 송도를 근거지로 하여 인삼거래에 적극적으로 뛰어들었는데, 이들을 삼상이라고 하였다.

① 수요 ② 공급
③ 수출 ④ 제공

✔ 해설 ① 어떤 재화나 용역을 일정한 가격으로 사려고 하는 욕구

42

> 컴맹이던 고모는 이제 ( )한 작업은 컴퓨터로 할 수 있게 되었다.

① 웬만 ② 왠만
③ 웬간 ④ 앵간

✔ 해설 웬만하다
　　　　㉠ 정도나 형편이 표준에 가깝거나 그보다 약간 낫다.
　　　　㉡ 허용되는 범위에서 크게 벗어나지 아니한 상태에 있다.

43

> 죽음의 ( )(이)란, 우리가 언제 어디서든 죽을 수 있다는 것을 뜻한다. 이것은 부인할 수 없는 사실이고, 그 사실은 우리에게 죽음의 공포를 불러일으킨다.

① 특수성(特殊性) ② 편재성(遍在性)
③ 사회성(社會性) ④ 특이성(特異性)

✔ 해설 편재(遍在) … 널리 퍼져 있음

44

> 우리의 조상들은 심성이 달의 속성과 일치한다고 믿었기 때문에 달을 풍년을 주재하는 신으로 숭배하였
> 다. 그리고 천체의 운행 시간과 변화에 매우 지혜로웠다. 천체 가운데에서도 가장 잘 (　　)할 수 있는 달
> 의 모양이 뚜렷했기 때문에 음력 역법을 쓰는 문화권에서는 달이 이지러져서 완전히 차오르는 상태가 시
> 간을 측정하는 기준이 된다는 중요한 의미를 알게 되었다.

① 성찰(省察) ② 고찰(考察)

③ 간과(看過) ④ 첨삭(添削)

✔ **해설** ② 어떤 것을 깊이 생각하고 연구함을 이르는 말이다.
① 자기 마음을 반성하여 살핀다는 뜻이다.
③ 큰 관심 없이 대강 보아 넘기는 것을 뜻한다.
④ 내용 일부를 보태거나 삭제하여 고치는 것을 이르는 말이다.

45

> 조선조의 금속활자 인쇄는 속도가 빠르지 않았다. 세종 때 한 번 개량되었다고는 하지만, 조판 인쇄는
> 여전히 수작업에 의지하였다. 활자판에 먹을 칠하고 그 위에 종이를 얹어 솜망치로 두드린 뒤 한 장씩 떼
> 어내는 방식은 조선조가 종언을 고할 때까지 변함이 없었다. 어느 쪽이 인쇄 속도가 빠르며, 대량인쇄에
> 유리한가는 (　　)을(를) 요하지 않는다.

① 췌언 ② 전언

③ 부언 ④ 첨언

✔ **해설** ① 쓸데없는 군더더기 말을 뜻한다.
② 이전에 한 말을 뜻한다.
③ 근거 없이 떠돌아다니는 말을 뜻한다.
④ 덧붙이는 말을 뜻한다.

Answer　41.①　42.①　43.②　44.②　45.①

❙46~50❙ 다음 중 빈칸에 들어갈 단어들을 바르게 나열한 것을 고르시오.

46

> • 전기세 고지서가 (　　) 되었다.
> • 한국은행에서는 화폐를 (　　)한다.
> • 이 소포는 해외에서 (　　)된 것이다.

① 발부 – 발행 – 발신　　　　　② 발행 – 발간 – 발부

③ 발간 – 발행 – 발신　　　　　④ 발부 – 발행 – 발간

> ✔해설　㉠ 발간 : 책, 신문, 잡지 따위를 만들어 내는 것을 뜻한다.
> ㉡ 발부 : 증서, 영장 등을 발행함을 이르는 말이다.
> ㉢ 발신 : 소식이나 우편 또는 전신을 보내는 것을 의미한다.
> ㉣ 발행 : 화폐, 증권, 증명서 따위를 만들어 널리 쓰이도록 함을 이르는 말이다.

47

> • 회화는 소재에 따라 정물화, 인물화, 풍경화로 (　　) 할 수 있다.
> • 공업용 폐수의 성분을 (　　)했다.
> • 그 말이 무슨 의미인지 잘 (　　)되지 않았다.

① 분리 – 분류 – 분석　　　　　② 분석 – 분류 – 분간

③ 분류 – 분석 – 분간　　　　　④ 분간 – 분리 – 분석

> ✔해설　㉠ 분간 : 사물이나 사람의 옳고 그름이나 그 정체를 구별하는 것을 뜻한다.
> ㉡ 분류 : 종류에 따라 나눔을 이르는 말이다.
> ㉢ 분리 : 서로 나뉘어 떨어짐을 뜻한다.
> ㉣ 분석 : 구성 요소들로 자세히 나누어 살펴보는 것을 이르는 말이다.

48

> • 그 아이에게 그 일을 맡긴 것은 (　　) 처사이다.
> • (　　) 어른 앞에서는 말과 행동을 삼가야 한다.
> • (　　) 그렇다고 해도 나는 그를 믿는다.

① 모름지기 – 설령 – 다만   ② 지당한 – 모름지기 – 설령

③ 지당한 – 설령 – 다만   ④ 설령 – 다만 – 모름지기

 ㉠ 지당한 : 이치에 맞고 지극히 당연함을 이르는 말이다.
㉡ 모름지기 : 사리를 따져 보건데 마땅히, 반드시를 이르는 말이다.
㉢ 설령 : '~하더라도' 따위와 함께 쓰이는 부사이다.
㉣ 다만 : 다른 것이 아니라 오로지라는 의미의 부사이다.

49

- 잡지 (　　) 당시에 비해 발행 부수가 열 배나 증가했다.
- 학회는 (　　) 첫 사업으로 고전 국역을 추진하기로 했다.
- 진화론의 (　　)는 전통적 인간관에 큰 충격과 영향을 주었다.

① 창간 – 창시 – 창립   ② 창간 – 창립 – 창시

③ 창립 – 창간 – 창시   ④ 창립 – 창시 – 창간

해설 ㉠ 창간 : 신문, 잡지 따위의 정기 간행물의 첫 번째 호를 펴내다.
㉡ 창립 : 기관이나 단체 따위를 새로 만들어 세우다.
㉢ 창시 : 어떤 사상이나 학설 따위를 처음으로 시작하거나 내세우다.

50

- 낚시꾼은 미끼로 물고기를 (　　)해 잡는다.
- 행사를 공개적으로 하여 일반인의 참여를 (　　)하였다.
- 유흥업소들은 화려한 네온사인으로 취객들을 (　　)한다.

① 유혹 – 유인 – 유도   ② 유도 – 유혹 – 유인

③ 유인 – 유혹 – 유도   ④ 유인 – 유도 – 유혹

해설 ㉠ 유인 : 주의나 흥미를 일으켜 꾀어내다.
㉡ 유도 : 사람이나 물건을 목적한 장소나 방향으로 이끌다.
㉢ 유혹 : 꾀어서 정신을 혼미하게 하거나 좋지 아니한 길로 이끌다.

Answer　46.① 47.③ 48.② 49.② 50.④

51 어문 규정에 모두 맞게 표기된 문장은?

① 휴게실 안이 너무 시끄러웠다.

② 오늘은 웬지 기분이 좋습니다.

③ 밤을 세워 시험공부를 했습니다.

④ 아까는 어찌나 배가 고프던지 아무 생각도 안 나더라.

> **✔해설** ① 휴계실 → 휴게실
> ② 웬지 → 왠지
> ③ 세워 → 새워

52 어문 규정에 어긋난 것으로만 묶인 것은?

① 기여하고저, 뻐드렁니, 돌('첫 생일'), Nakdonggang('낙동강')

② 퍼붇다, 쳐부수다, 수퇘지, Daegwallyeong('대관령')

③ 안성마춤, 삵괭이, 더우기, 지그잭('zigzag')

④ 고샅, 일찍이, 굼주리다, 빠리('Paris')

> **✔해설** ① 기여하고저 → 기여하고자
> ② 퍼붇다 → 퍼붓다
> ③ 안성마춤 → 안성맞춤, 삵괭이 → 살쾡이, 더우기 → 더욱이, 지그잭(zigzag) → 지그재그
> ④ 굼주리다 → 굶주리다, 빠리(Paris) → 파리

53 다음 밑줄 친 부분의 띄어쓰기가 바른 문장은?

① 마을 사람들은 어느 말을 정말로 믿어야 <u>옳은 지</u> 몰라서 멀거니 두 사람의 입을 쳐다보고만 있었다.

② 강아지가 집을 나간 지 <u>사흘만에</u> 돌아왔다.

③ 그냥 모르는 척 <u>살만도 한데</u> 말이야.

④ 자네, 도대체 이게 얼마 <u>만인가</u>.

> **✔해설** ① 옳은 지 → 옳은지, 막연한 추측이나 짐작을 나타내는 어미이므로 붙여서 쓴다.
> ② 사흘만에 → 사흘 만에, '시간의 경과'를 의미하는 의존명사이므로 띄어서 사용한다.
> ③ 살만도 → 살 만도, 붙여 쓰는 것을 허용하기도 하나(살 만하다) 중간에 조사가 사용된 경우 반드시 띄어 써야 한다(살 만도 하다).

54 다음 중 발음이 옳은 것은?

① 아이를 안고[앙꼬] 힘겹게 계단을 올라갔다.
② 그는 이웃을 웃기기도[우 : 끼기도]하고 울리기도 했다.
③ 무엇에 홀렸는지 넋이[넉씨] 다 나간 모습이었지.
④ 무릎과[무릅과] 무릎을 맞대고 협상을 계속한다.

> ✔해설 ① 안고[안 : 꼬]
> ② 웃기기도[욷끼기도]
> ④ 무릎과[무릅꽈]

55 다음 중 밑줄 친 부분의 맞춤법 표기가 바른 것은?

① 벌레 한 마리 때문에 학생들이 <u>법썩</u>을 떨었다.
② <u>실낱같은</u> 희망을 버리지 않고 있다.
③ <u>오뚜기</u> 정신으로 위기를 헤쳐 나가야지.
④ <u>더우기</u> 몹시 무더운 초여름 날씨를 예상한다.

> ✔해설 ① 법썩 → 법석
> ③ 오뚜기 → 오뚝이
> ④ 더우기 → 더욱이

56 띄어쓰기를 포함하여 맞춤법이 모두 옳은 것은?

① 그는∨가만히∨있다가∨모임에∨온∨지∨두∨시간∨만에∨돌아가∨버렸다.
② 옆집∨김씨∨말로는∨개펄이∨좋다는데∨우리도∨언제∨한∨번∨같이∨갑시다.
③ 그가∨이렇게∨늦어지는∨걸∨보니∨무슨∨큰∨일이∨난∨게∨틀림∨없다.
④ 하늘이∨뚫린∨것인지∨몇∨날∨몇∨일을∨기다려도∨비는∨그치지∨않았다.

> ✔해설 ② 김씨 → 김 씨, 호칭어인 '씨'는 띄어 써야 옳다.
> ③ 큰 일 → 큰일, 틀림 없다 → 틀림없다, '큰일'은 '중대한 일'을 나타내는 합성어이므로 붙여 써야 하며 '틀림없
> 다'는 형용사이므로 붙여 써야 한다.
> ④ 몇 일 → 며칠, '몇 일'은 없는 표현이다. 따라서 '며칠'로 적어야 옳다.

Answer   51.④   52.③   53.④   54.③   55.②   56.①

57 밑줄 친 단어 중 우리말의 어문 규정에 따라 맞게 쓴 것은?

① <u>윗층</u>에 가 보니 전망이 정말 좋다.

② <u>뒷편</u>에 정말 오래된 감나무가 서 있다.

③ 그 일에 <u>익숙지</u> 못하면 그만 두자.

④ <u>생각컨대</u>, 그 대답은 옳지 않을 듯하다.

> **✔ 해설** 어간의 끝음절 '하'가 아주 줄 적에는 준 대로 적는다〈한글맞춤법 제40항 붙임2〉.
> ① 윗층→위층
> ② 뒷편→뒤편
> ④ 생각컨대→생각건대

58 밑줄 친 부분이 어법에 맞게 표기된 것은?

① 박 사장은 자기 돈이 어떻게 <u>쓰여지는 지</u>도 몰랐다.

② 그녀는 조금만 <u>추어올리면</u> 기고만장해진다.

③ <u>나룻터</u>는 이미 사람들로 가득 차 있었다.

④ 우리들은 <u>서슴치</u> 않고 차에 올랐다.

> **✔ 해설** '위로 끌어 올리다'의 뜻으로 사용될 때는 '추켜올리다'와 '추어올리다'를 함께 사용할 수 있지만 '실제보다 높여 칭찬하다'의 뜻으로 사용될 때는 '추어올리다'만 사용해야 한다.
> ① 쓰여지는 지→쓰이는지
> ③ 나룻터→나루터
> ④ 서슴치→서슴지

59 외래어 표기가 옳은 것은?

① 뷔페 – 초콜렛 – 컬러

② 컨셉 – 서비스 – 윈도

③ 파이팅 – 악세사리 – 리더십

④ 플래카드 – 로봇 – 캐럴

 ① 초콜렛→초콜릿
② 컨셉→콘셉트
③ 악세사리→액세서리

60 다음 중 띄어쓰기가 옳은 문장은?

① 같은 값이면 좀더 큰것을 달라고 해라.

② 나는 친구가 많기는 하지만 우리 집이 큰지 작은지를 아는 사람은 철수 뿐이다.

③ 진수는 마음 가는 대로 길을 떠났지만 집을 떠난지 열흘이 지나서는 갈 곳마저 없었다.

④ 경진은 애 쓴만큼 돈을 받고 싶었지만 주위에서는 그의 노력을 인정해 주지 않았다.

② 철수 뿐이다 → 철수뿐이다
③ 떠난지 → 떠난 지
④ 애 쓴만큼 → 애쓴 만큼

언어추리

|1~10| 다음에 제시된 9개의 단어 중 관련된 3개의 단어를 통해 유추할 수 있는 것을 고르시오.

1

> 1월, 어린이, 학교, 여름, 크리스마스, 바다, 선물, 친구, 불교

① 생일
② 겨울
③ 산타클로스
④ 썰매

> ✔ **해설** 어린이, 크리스마스, 선물을 통해 산타클로스를 유추할 수 있다.
> 산타클로스는 어린이들의 수호성인인 성 니콜라스의 별칭으로, 크리스마스이브에 착한 어린이들에게 선물을 나눠준다는 전설로 널리 알려져 있다.

2

> 텀블러, 탁구, 마이크, 정치, 고양이, 코인, 나무, 스피커, 중간고사

① 등산
② 학교
③ 운동장
④ 노래방

> ✔ **해설** 마이크, 코인, 스피커를 통해 노래방을 유추할 수 있다.
> 코인 노래방은 곡당 요금을 지불하고 노래를 부를 수 있도록 만든 곳으로, 특히 청소년 사이에서 인기가 있다. 노래방에는 마이크와 스피커가 있다.

3

> 미국, 강남, 문재인, 도서관, 투표, 제주도, 관광, 신문, 5년

① 대통령
② 트럼프
③ 비타민
④ 프랑스

> ✔ **해설** 문재인, 투표, 5년을 통해 대통령을 유추할 수 있다.
> 문재인은 우리나라의 19대 대통령이며, 대통령은 선거를 통해 투표로 선출한다. 대통령의 임기는 5년이다.

4

| 백과사전, 다육식물, 사막, 하늘, 백년초, 컴퓨터, 미세먼지, 결혼, 우유 |

① 장미
② 선인장
③ 어린왕자
④ 해녀

> ✔ 해설 다육식물, 사막, 백년초를 통해 선인장을 유추할 수 있다.
> 선인장은 사막이나 높은 산 등 수분이 적고 건조한 날씨의 지역에서 살아남기 위해 땅 위의 줄기나 잎에 많은 양의 수분을 저장하고 있는 다육식물이다. 백년초는 부채선인장의 다른 이름이다.

5

| 인터넷, 계산기, 밀가루, 비타민, 제과점, 단팥, 휴대폰, 캐릭터, 달력 |

① 빵
② 게임
③ 소풍
④ 김밥

> ✔ 해설 밀가루, 제과점, 단팥을 통해 빵을 유추할 수 있다.
> 빵은 밀가루를 주원료로 하는 식품으로, 제과점은 빵이나 과자를 만들어 파는 가게이다. 단팥빵은 대표적인 빵의 한 종류이다.

6

| 포스트잇, 안전, 공무원, 바나나, 디저트, 음주 단속, 행사, 웅변, 금메달 |

① 응급실
② 구급차
③ 경찰
④ 직장인

> ✔ 해설 안전, 공무원, 음주 단속을 통해 경찰을 유추할 수 있다.
> 경찰은 국가 사회의 공공질서와 안녕을 보장하고 국민의 안전과 재산을 보호하는 일을 담당하는 공무원으로, 음주 단속 역시 경찰 업무의 하나이다.

Answer 1.③ 2.④ 3.① 4.② 5.① 6.③

7

> 초콜릿, 솜, 이불, 설탕, 풍선, 나무젓가락, 깃발, 청포도, 무역

① 자물쇠   ② 통조림
③ 도시락   ④ 솜사탕

> ✔ **해설** 솜, 설탕, 나무젓가락을 통해 솜사탕을 유추할 수 있다.
> 솜사탕은 솜 모양으로 만든 사탕의 하나로, 설탕을 불에 녹인 후 빙빙 돌아가는 기계의 작은 구멍으로 밀어 내면 바깥 공기에 닿아서 섬유 모양으로 굳어지는데, 이것을 나무젓가락과 같은 막대기에 감아 솜 모양으로 만든다.

8

> 설빔, 반지, 비디오, 서약, 연예인, 에어컨, 자동차, 주례, 달맞이

① 대중매체   ② 환기시설
③ 결혼식   ④ 추석

> ✔ **해설** 반지, 서약, 주례를 통해 결혼식을 유추할 수 있다.
> 결혼식은 신랑, 신부가 서로 결혼반지를 나눠 끼며, 부부 관계를 맺는 서약을 하는 의식이다. 결혼식에서는 주례사가 주례를 한다.

9

> 방학, 영양제, 소파, 냉장고, 설거지, 식탁, 발코니, 주말농장, 휴가

① 핵가족   ② 어부
③ 과일   ④ 부엌

> ✔ **해설** 냉장고, 설거지, 식탁을 통해 부엌을 유추할 수 있다.
> 부엌은 일정한 시설을 갖추어 놓고 음식을 만들고 설거지를 하는 등 식사에 관련된 일을 하는 곳이다. 냉장고와 식탁은 보통 부엌에 있다.

10

> 간호사, 법원, 인도, 빙하, 피고, 세금, 건축, 면세품, 수임료

① 공인중개사   ② 영국

③ 변호사   ④ 국세청

✔ 해설 법원, 피고, 수임료를 통해 변호사를 유추할 수 있다.
변호사는 법률에 규정된 자격을 가지고 소송 당사자나 관계인의 의뢰 또는 법원의 명령에 따라 피고나 원고를
변론하며 그 밖의 법률에 관한 업무에 종사하는 사람으로, 변론의 대가로 수임료를 받는다.

▌11~30▐ 단어의 상관관계를 파악하고 (   ) 안에 알맞은 단어를 고르시오.

11

> 점원 : 자판기 = 증명 : (   )

① 논증   ② 민원

③ 유추   ④ 공리

✔ 해설 자판기가 있으면 점원은 없어도 된다. 마찬가지로 공리가 있으면 증명은 없어도 된다.
※ 공리 … 증명을 할 수 없거나, 증명할 필요가 없는 자명한 진리

12

> 차가운 : 빙하 = 깊은 : (   )

① 해륙   ② 해령

③ 해초   ④ 해저

✔ 해설 ① 바다와 육지
② 깊은 바다에 있는 길고 좁은 산맥 모양의 솟아오른 부분
③ 바다 속에서 나는 풀을 통틀어 이르는 말
④ 바다의 밑바닥

Answer 7.④ 8.③ 9.④ 10.③ 11.④ 12.④

13

입원 : 퇴원 = (　　　) : 해지

① 장비　　　　　　　　　　　　② 설치
③ 계약　　　　　　　　　　　　④ 취소

✔ 해설　입원과 퇴원은 서로 반의관계이다. 해지와 반의관계에 있는 단어를 찾으면 된다.
해지란 계약 당사자 한쪽의 의사표시에 의하여 계약에 기초한 법률관계를 말소하는 것이다. 그러므로 계약의 반의관계라 할 수 있다.

14

범죄 : 처벌 = 화재 : (　　　)

① 담배　　　　　　　　　　　　② 방화
③ 물　　　　　　　　　　　　　④ 소화

✔ 해설　현상과 대처방법의 관계이다. 화재의 대처법은 소화 또는 진화가 해당된다.

15

전쟁 : 피난 = (　　　) : 붕괴

① 지진　　　　　　　　　　　　② 예술
③ 서점　　　　　　　　　　　　④ 늦잠

✔ 해설　전쟁으로 피난이 일어나고, 지진으로 붕괴가 일어난다.

16

아버지 : 춘부장 = 어머니 : (　　)

① 부친 ② 자당
③ 가친 ④ 가대인

✔해설 춘부장과 아버지는 유의관계이나 춘부장은 살아계신 타인의 아버지를 의미한다.
① 아버지를 높이는 말이다.
② 살아계신 타인의 어머니를 이르는 말이다.
③④ 살아계신 자신의 아버지를 이르는 말이다.

17

달력 : 날짜 = 시계 : (　　)

① 시간 ② 팔찌
③ 자명종 ④ 알람

✔해설 달력으로는 날짜를 확인할 수 있고, 시계로는 시간을 확인할 수 있다.

18

자료 : 논문 = (　　) : 솜사탕

① 어린이 ② 놀이공원
③ 삐에로 ④ 설탕

✔해설 논문은 자료를 토대로 만들어지고, 솜사탕은 설탕으로 만들어진다.

Answer　13.③　14.④　15.①　16.②　17.①　18.④

19

책 : 위편삼절(韋編三絕) = 가을 : (　　)

① 달랑거철(螳螂車轍)　　　　② 천고마비(天高馬肥)

③ 유비무환(有備無患)　　　　④ 삼고초려(三顧草廬)

✔ 해설　위에 제시된 관계는 각 단어와 그 단어와 관련된 사자성어를 나타낸 것이다. 가을과 관련된 사자성어는 천고마비이다.

※ 천고마비(天高馬肥) … 하늘이 맑아 높푸르게 보이고 온갖 곡식이 익는 가을철을 이르는 말

20

압박 : 자유 = 조잡 : (　　)

① 복잡　　　　② 정확

③ 정밀　　　　④ 유창

✔ 해설　압박과 자유는 반의관계이다.
③ 가늘고 촘촘함 또는 자세하고 치밀함을 이르는 말이다.

21

무한 : 유한 = 적자 : (　　)

① 흑자　　　　② 무역

③ 손해　　　　④ 교역

✔ 해설　무한과 유한은 반의관계이다.

22

> 실업 : 취업 = 입학 : (　　)

① 종료　　　　　　　　　② 수료

③ 종말　　　　　　　　　④ 졸업

✔ **해설**　실업과 취업은 반의관계이다.

23

> 고무 : 탄력성 = 휘발유 : (　　)

① 희귀성　　　　　　　　② 불용성

③ 수용성　　　　　　　　④ 가연성

✔ **해설**　탄력성은 고무가 가지고 있는 특성이므로, 휘발유의 특성인 가연성이 적절하다.

24

> 중국 : 베이징 = 네덜란드 : (　　)

① 스톡홀름　　　　　　　② 암스테르담

③ 바르샤바　　　　　　　④ 오슬로

✔ **해설**　위에 제시된 관계는 각 나라와 그 나라의 수도를 나타낸 것이다. 네덜란드의 수도는 암스테르담이다.

Answer　19.② 20.③ 21.① 22.④ 23.④ 24.②

25

남대문 : 례(禮) = 동대문 : (　　)

① 인(仁) 　　　　② 의(義)

③ 례(禮) 　　　　④ 지(智)

✔**해설** 위에 제시된 관계는 조선시대 대문과 그 문의 이름 속에 들어있는 사덕(四德)의 관계이다. 남대문의 또 다른 이름은 '숭례문(崇禮門)'으로 '례(禮)'가 들어간다.

※ 동대문 … 흥인지문(興仁之門)의 또 다른 이름으로 '인(仁)'이 들어간다.

26

통합 : 합병 = 애도 : (　　)

① 애국 　　　　② 장애

③ 애상 　　　　④ 불만

✔**해설** 통합과 합병은 동의어 관계이며, 애도는 사람의 죽음을 슬퍼함을 의미한다.

③ 애상(哀傷)은 죽은 사람을 생각하며 마음이 상함을 의미한다.

27

분석 : 종합 = 용매 : (　　)

① 용해 　　　　② 용출

③ 용합 　　　　④ 용질

✔**해설** 분석과 종합은 반의관계이며, 용매는 액체에 고체 또는 기체 물질을 녹여 용액을 만들었을 때 본디 액체를 말한다.

① 금속이 열에 녹아서 액체 상태로 되는 일을 이르는 말이다.

② 성분의 일부가 녹아 흘러나옴을 이르는 말이다.

③ 두 물질이 녹아서 한데 합쳐지거나 두 물질을 녹여서 한데 합침을 이르는 말이다.

④ 용액 중에 녹아 있는 물질 또는 액체에 다른 액체가 녹았을 때는 양이 적은 쪽을 이르는 말이다.

28

쌀 : 밥 : 물 = 동물 : 화석 : (　　)

① 비바람　　　　　　　　　　　② 토양

③ 퇴적　　　　　　　　　　　　④ 바위

✔해설　쌀이 밥이 되기 위해서는 구성성분으로써 물이 필요하고(쌀은 물을 흡수) 동물이 화석이 되기 위해서는 구성성분으로써 토양이 필요하다(토양은 화석의 틀이 됨).

29

풍족 : 풍요 = 발의 : (　　)

① 발전　　　　　　　　　　　　② 제의

③ 진보　　　　　　　　　　　　④ 회의

✔해설　풍족과 풍요는 유의관계이며, 발의는 의견이나 계획을 내는 것을 의미한다.
② 의논이나 의안을 내 놓음을 이르는 말이다.

30

선조 : 자손 = 정신 : (　　)

① 물질　　　　　　　　　　　　② 영혼

③ 생각　　　　　　　　　　　　④ 마음

✔해설　선조와 자손은 반의관계이고, 정신의 반의어는 물질이다.
② 육체와 구별되어, 육체에 머물면서 마음의 작용을 맡고 생명을 부여하고 있다고 여겨지는 비물질적 실체를 의미한다.

┃31~40 ┃ 단어의 상관관계를 파악하여 ㉠과 ㉡에 들어갈 단어로 가장 적절한 것을 고르시오.

31

(㉠) : 된장 = 쌀 : (㉡)

① ㉠ : 팥　　㉡ : 소주
② ㉠ : 수수　㉡ : 맥주
③ ㉠ : 매실　㉡ : 누룩
④ ㉠ : 콩　　㉡ : 막걸리

> ✔**해설** 음식의 원재료와 원재료로 만든 식품의 관계이다.

32

빨래 : (㉠) = (㉡) : 컵

① ㉠ : 바구니　㉡ : 물
② ㉠ : 집게　　㉡ : 수세미
③ ㉠ : 세제　　㉡ : 음료
④ ㉠ : 다림질　㉡ : 설거지

> ✔**해설** ① 빨래는 바구니에 담고, 물은 컵에 담는다.

33

갈무리 : (㉠) = 수채 : (㉡)

① ㉠ : 달무리　㉡ : 구멍
② ㉠ : 정돈　　㉡ : 하수구
③ ㉠ : 마무리　㉡ : 싱크대
④ ㉠ : 청소　　㉡ : 설거지

> ✔**해설** ② 갈무리란 물건 따위를 잘 정리하거나 간수함을 이르는 말로 정돈과 유의어 관계이고, 수채란 집 안에서 버린 물이 집 밖으로 흘러 나가도록 만든 시설을 이르는 말로 하수구와 유의어 관계이다.

34

영겁(永劫) : (㉠) = 괄시(恝視) : (㉡)

① ㉠ : 천겁(千劫) ㉡ : 홀대(忽待)
② ㉠ : 찰나(刹那) ㉡ : 괄대(恝待)
③ ㉠ : 영원 ㉡ : 순간
④ ㉠ : 긴 세월 ㉡ : 반갑게 맞음

> **✔해설** ① 영겁(永劫)은 영원한 세월을 뜻하며 유의어로 천겁(千劫)이 있다. 괄시(恝視)는 업신여겨 하찮게 대함을 의미하며 소홀히 대접함이라는 홀대(忽待)와 비슷하게 쓰인다. 보기를 살펴보면 유의관계를 찾는 문제이다.

35

돋보기 : (㉠) = (㉡) : 귀

① ㉠ : 눈 ㉡ : 중이염
② ㉠ : 눈 ㉡ : 보청기
③ ㉠ : 콘택트렌즈 ㉡ : 눈
④ ㉠ : 할머니 ㉡ : 임금님

> **✔해설** ② 신체 기관과 그 기능을 도와주는 도구의 이름이다.

36

(㉠) : 협찬 = 차제 : (㉡)

① ㉠ : 찬조 ㉡ : 기회
② ㉠ : 협조 ㉡ : 동생
③ ㉠ : 도움 ㉡ : 실패
④ ㉠ : 후원 ㉡ : 근심

> **✔해설** 차제 … 때마침 주어진 기회

Answer   31.④   32.①   33.②   34.①   35.②   36.①

37

한약 : (㉠) = (㉡) : 필

① ㉠ : 두름 ㉡ : 바늘
② ㉠ : 쌈   ㉡ : 생선
③ ㉠ : 첩   ㉡ : 명주
④ ㉠ : 손   ㉡ : 연필

✔해설 사물과 그를 세는 단위를 연결한 것이다.
　　㉠ 첩 : 약봉지에 싼 약의 뭉치를 세는 단위
　　㉡ 필 : 일정한 길이로 말아 놓은 피륙을 세는 단위

PLUS tip

단위
㉠ 톳 : 김(한 톳 = 김 100장)
㉡ 쌈 : 바늘(한 쌈 = 바늘 스물네 개)
㉢ 쾌 : 북어(한 쾌 = 북어 스무 마리)
㉣ 축 : 오징어(한 축 = 오징어 스무 마리)
㉤ 접 : 채소나 과일(한 접 = 채소 또는 과일 백 개)
㉥ 두름 : 조기(한 두름 = 열 마리)

38

(㉠) : 자 = 감투할미 : (㉡)

① ㉠ : 청홍각시 ㉡ : 바늘
② ㉠ : 세요각시 ㉡ : 실
③ ㉠ : 척부인   ㉡ : 골무
④ ㉠ : 인화낭자 ㉡ : 다리미

✔해설 규중칠우쟁론기에서 나오는 규중칠우, 즉 바느질에 쓰이는 도구인 척부인(자), 교두각시(가위), 세요각시(바늘),
청홍각시(실), 감투할미(골무), 인화낭자(인두), 울낭자(다리미)를 연결한 것이다.

39

계란 : (㉠   ) = (㉡   ) : 냄비

① ㉠ : 프라이팬 ㉡ : 술
② ㉠ : 프라이팬 ㉡ : 라면
③ ㉠ : 미역국   ㉡ : 전자레인지
④ ㉠ : 정수기   ㉡ : 라면

✔**해설** 음식 재료와 조리 기구의 관계이다.

40

명태 : (㉠   ) = (㉡   ) : 개호주

① ㉠ : 동태   ㉡ : 망아지
② ㉠ : 간자미 ㉡ : 강아지
③ ㉠ : 노가리 ㉡ : 호랑이
④ ㉠ : 무녀리 ㉡ : 부룩소

✔**해설** 물고기나 짐승의 이름과 그 새끼의 이름이다.

PLUS tip

명태의 다양한 이름
명태는 가공방법, 포획방법 등에 따라 다양한 이름으로 불린다.
얼리지 않은 것을 생태, 말려서 수분이 말끔히 빠진 것을 북어, 반쯤 말린 것을 코다리, 겨울철에 잡아 얼린 것을 동태라고 부르며 산란기 중에 잡은 명태를 얼리고 말리는 과정을 반복해 가공한 것을 황태라고 부른다. 또한 명태의 새끼를 노가리라고 하며, 명란젓을 만들 때는 명태의 알을 사용한다.

CHAPTER 03

응용계산

1 전교생이 1,000명인 어느 학교에서 안경 낀 학생 수를 조사하였다. 안경 낀 학생은 안경을 끼지 않은 학생보다 300명이 적었다. 안경 낀 남학생은 안경 낀 여학생의 1.5배이었다면 안경 낀 여학생은 몇 명인가?

① 120

② 140

③ 160

④ 180

✔ **해설** 안경을 낀 학생 수를 x라 하면
안경을 끼지 않은 학생 수는 $x+300$이다.
$x+(x+300)=1,000$이므로 x는 350명이다.
안경을 낀 남학생을 $1.5y$라 하면,
안경을 낀 여학생은 y가 된다.
$y+1.5y=350$이므로 y는 140명이다.
따라서 안경을 낀 여학생 수는 140명이다.

2 점 A, B는 길이가 1cm인 고무줄의 양끝점이고, C는 고무줄 위에 있는 한 점이다. C는 A에서 0.7cm 떨어져 있다고 한다. 이 고무줄을 늘여 3cm로 만들면 C는 A로부터 몇 cm 떨어진 위치에 있게 되는가? (단, 고무줄은 균일하게 늘어난다고 가정한다.)

① 0.7

② 1.4

③ 2.1

④ 2.8

✔ **해설** 고무줄이 3배 늘어났으므로, 0.7cm에서 3배가 늘어난 2.1cm 떨어진 위치에 있게 된다.

3 한 학년에 세 반이 있는 학교가 있다. 학생수가 A반은 20명, B반은 30명, C반은 50명이다. 수학 점수 평균이 A반은 70점, B반은 80점, C반은 60점일 때, 이 세 반의 평균은 얼마인가?

① 62
② 64
③ 66
④ 68

✔ **해설**

반	학생수	점수 평균	총점
A	20	70	1,400
B	30	80	2,400
C	50	60	3,000
합계	100		6,800

세 반의 평균을 구하면 $\dfrac{6,800}{100} = 68$(점)

4 1,000쪽 분량의 책 한 권에 1부터 1,000까지의 수를 한 번씩만 사용하여 쪽 번호를 매겼다면 숫자 7은 총 몇 번 사용되었는가?

① 300
② 310
③ 320
④ 330

✔ **해설** 7이 백의 자리에 오는 수 : 700대의 수 100개(701, 702, 703, …)
7이 십의 자리에 오는 수 : 70대의 수 100개(10×10)
7이 일의 자리에 오는 수 : 7대의 수 100개(10×10)

5 홀수 층에서만 정지하는 엘리베이터가 있다. 한 층에서 다음 층까지 이동 시간은 5초이며, 문이 열리고 닫히는 데 3초가 걸린다. 11층에서 내려오기 시작하여 모든 홀수 층에서 정지하고, 1층까지 도착하는 데 걸리는 시간은 몇 초인가?

① 62
② 65
③ 68
④ 72

✔ **해설** 11층에서 1층까지 이동 시간 : $5 \times 10 = 50$(초)
홀수층마다 정지하면서 문이 열리고 닫히는 시간 : $3 \times 4 = 12$(초)
∴ $50 + 12 = 62$(초)

Answer 1.② 2.③ 3.④ 4.① 5.①

6 어느 야구선수가 시합에 10번 참여하여 시합당 평균 0.6개의 홈런을 기록하였다. 앞으로 5번의 시합에 더 참여하여 총 15번 경기에서의 시합당 평균 홈런을 0.8개 이상으로 높이고자 한다. 남은 5번의 시합에서 최소 몇 개의 홈런을 쳐야하는가?

① 4

② 5

③ 6

④ 7

✔ **해설** 10번의 경기에서 평균 0.6개의 홈런 : 6개 홈런

15번의 경기에서 평균 0.8개의 홈런 : 12개 홈런

따라서 남은 5경기에서 최소 6개 이상의 홈런을 기록해야 한다.

7 길이가 Xm인 기차가 Ym인 다리에 진입하여 완전히 빠져나갈 때까지 걸리는 시간이 10초일 때, 기차의 속도는? (단, 기차의 속도는 일정하다.)

① $\dfrac{X+Y}{36}$km/h

② $\dfrac{2X+Y}{36}$km/h

③ $\dfrac{9(X+Y)}{25}$km/h

④ $\dfrac{9(2X+Y)}{25}$km/h

✔ **해설** 길이가 Xm인 기차가 Ym인 다리에 진입하여 완전히 빠져나갈 때까지의 거리는 $(X+Y)$m이고, 속도 $=\dfrac{거리}{시간}$

이므로 기차의 속도를 구하는 식은 다음과 같다.

$$\frac{(X+Y)\text{m}}{10\text{s}}=\frac{\left\{\dfrac{X+Y}{1,000}\right\}\text{km}}{\dfrac{10}{3,600}\text{h}}=\frac{9(X+Y)}{25}\text{km/h}$$

8 A, B, C 세 사람이 한 시간 동안 일을 하는데, A와 B가 함께 일을 하면 X개의 제품을 생산하고, A와 C가 함께 일을 하면 Y개의 제품을 생산하며, B와 C가 함께 일을 하면 Z개의 제품을 생산한다고 한다. A, B, C가 같이 일을 한다면 한 시간 동안 생산하는 제품의 수는?

① $X + Y + Z$

② $\dfrac{(X + Y + Z)}{2}$

③ $\dfrac{(X + Y + Z)}{3}$

④ $\dfrac{(2X + 2Y + 2Z)}{3}$

 **해설** 주어진 조건에 따라 작업량을 구해보면

$A + B = X, \ A + C = Y, \ B + C = Z$

$X + Y + Z = A + B + A + C + B + C$

$X + Y + Z = 2(A + B + C)$

$\therefore \ A + B + C = \dfrac{X + Y + Z}{2}$

9 정훈 혼자로는 30일, 정민 혼자로는 40일 걸리는 일이 있다. 둘은 공동 작업으로 일을 시작했으나, 중간에 정훈이가 쉬었기 때문에 끝마치는 데 24일이 걸렸다면 정훈이가 쉬었던 기간은?

① 6일

② 12일

③ 15일

④ 17일

해설 하루 당 정훈이가 하는 일의 양은 $\dfrac{1}{30}$, 하루 당 정민이가 하는 일의 양은 $\dfrac{1}{40}$

정민이는 계속해서 24일간 일 했으므로 정민의 일의 양은 $\dfrac{1}{40} \times 24$

$1 - \dfrac{24}{40} = \dfrac{16}{40}$ 이 나머지 일의 양인데 정훈이가 한 일이므로

나머지 일을 하는데 정훈이가 걸린 시간은 $\dfrac{16}{40} \div \dfrac{1}{30} = 12$

$\therefore$ 정훈이가 쉬었던 날은 $24 - 12 = 12$(일)

10 인터넷 사이트에 접속하여 초당 1.5MB의 속도로 파일을 내려 받는 데 총 12분 30초가 걸렸다. 파일을 내려 받는 데 걸린 시간은 인터넷 사이트에 접속하는 데 걸린 시간의 4배일 때, 내려 받은 파일의 크기는?

① 500MB

② 650MB

③ 900MB

④ 950MB

✔ 해설 (파일을 내려 받는 데 걸린 시간) : (인터넷 사이트에 접속하는 데 걸린 시간) = 4 : 1

12분 30초는 750초이므로

(파일을 내려 받는 데 걸린 시간) $= 750 \times \dfrac{4}{5} = 600$(초)

따라서 내려 받은 파일의 크기는 $1.5 \times 600 = 900$(MB)

11 10%의 소금물과 5%의 소금물을 섞어 8%의 소금물 300g을 만들려고 한다. 10%의 소금물과 5%의 소금물의 무게는 각각 얼마만큼씩 필요한가?

<u>10%</u>	<u>5%</u>
① 190g	110g
② 180g	120g
③ 170g	130g
④ 160g	140g

✔ 해설 10%의 소금물의 무게를 x, 5%의 소금물의 무게를 $300-x$라고 할 때,

$$\frac{0.1x + 0.05(300-x)}{300} = \frac{8}{100}$$

$x = 180$

∴ 10% 소금물 180g, 5% 소금물 120g을 섞으면 8% 소금물 300g을 만들 수 있다.

12 두 가지 메뉴 A, B를 파는 어느 음식점에서 지난주에 두 메뉴를 합하여 1,000명분을 팔았다. 이번 주에는 지난주에 비하여 A 메뉴는 판매량이 5% 감소하고, B 메뉴는 10% 증가하여 전체적으로 4% 증가하였다. 이번 주에 판매된 A 메뉴는 몇 명분인가?

① 360명

② 380명

③ 400명

④ 420명

> **✔ 해설** 지난 주 판매된 A 메뉴를 x, B 메뉴를 y라 하면
> $$\begin{cases} x + y = 1,000 \\ x \times (-0.05) + y \times 0.1 = 1,000 \times 0.04 \end{cases}$$
> 두 식을 연립하면 $x = 400$, $y = 600$
> 따라서 이번 주에 판매된 A 메뉴는 $x \times 0.95 = 400 \times 0.95 = 380$명분이다.

13 규민이 혼자 6일, 영태 혼자 10일에 끝낼 수 있는 일이 있다. 이 일을 규민이와 영태가 함께 며칠 일하면 전체의 80%의 일을 하겠는가?

① 2일

② 3일

③ 4일

④ 5일

> **✔ 해설** 규민이의 하루 일의 양은 $\dfrac{1}{6}$, 영태의 하루 일의 양은 $\dfrac{1}{10}$
>
> 둘이 함께 할 때 하루 일의 양 $\dfrac{1}{6} + \dfrac{1}{10} = \dfrac{8}{30}$
>
> 일하는 일수를 x라 하면 $\dfrac{8}{30}x = \dfrac{8}{10}$
>
> $\therefore x = \dfrac{8}{10} \times \dfrac{30}{8} = 3$(일)

14 일정한 속력으로 달리는 버스가 Am의 터널을 통과하는데 5초 걸리고, Bm의 철교를 지나는데 9초가 걸린다. 이때 버스의 길이는?

① $\dfrac{A+B}{13}$ ② $\dfrac{5(A+B)}{4}$

③ $\dfrac{5B-9A}{4}$ ④ $\dfrac{9B-5A}{4}$

> **✔ 해설** 버스의 길이를 xm라 할 때, 버스가 터널을 통과할 때 가는 거리는 $(x+A)$m이고, 철교를 지날 때 가는 거리는 $(x+B)$이다.
>
> ㉠ 터널을 지날 때의 속력 : $\dfrac{x+A}{5}$ (m)
>
> ㉡ 철교를 지날 때의 속력 : $\dfrac{x+B}{9}$ (m)
>
> 버스의 속력이 일정하므로 $\dfrac{x+A}{5}$ (m) $= \dfrac{x+B}{9}$ (m)
>
> $\therefore\ x = \dfrac{5B-9A}{4}$

15 영희는 낮 12시에 약속이 있었지만 전날의 과로로 계속해서 잠을 자게 되었다. 민수가 기다리다가 12시부터 10분마다 전화를 했다면 1시 20분까지는 전화벨이 몇 번 울렸는가?

① 7번   ② 9번

③ 11번   ④ 13번

> **✔ 해설** 12시부터 1시 20분까지는 80분이며 10분 간격으로 전화벨이 울린다. 처음 12시에 1번 울리고 이후에 8번이 울리므로 총 9번이 울린다.

16 한 사람이 자동차를 운전하고 Akm의 거리에 있는 X지점까지 Bkm/h의 속도로 갔다가 다시 원래의 지점으로 C km/h의 속도로 돌아왔다. 이 사람이 X지점까지 갔다가 돌아오는데 걸린 시간은?

① $\dfrac{ABC}{B+C}$ 　　　　　② $\dfrac{A(B+C)}{BC}$

③ $\dfrac{B+C}{A}$ 　　　　　④ $\dfrac{2A}{BC}$

> ✔해설 　Bkm/h의 속도로 X지점까지 걸린 시간은 $\dfrac{A}{B}$
>
> Ckm/h의 속도로 X지점에서 돌아온 시간은 $\dfrac{A}{C}$
>
> 총 걸린시간은 $\dfrac{A}{B}+\dfrac{A}{C}=\dfrac{AC+AB}{BC}=\dfrac{A(B+C)}{BC}$

17 민희는 휴대폰 요금을 10초당 15원인 요금제도를 사용하고 있다. 하루에 쓰는 통화요금이 1,800원이라고 할 때 새해 첫날인 1월 1일부터 사용한 누적시간이 1,500분이 되는 때는 언제인가?

① 2월 12일 　　　　　② 3월 16일

③ 4월 18일 　　　　　④ 5월 20일

> ✔해설 　휴대폰 요금이 1분당 90원이므로 하루 통화요금이 1,800원이면 20분 쓰는 것이 된다.
>
> 하루에 20분씩 사용하므로 사용누적시간이 1,500분이 되는 때는 $1,500 \div 20 = 75$(일)
>
> 1월은 31일, 2월은 28일까지 있으므로 75일이 되는 날짜를 x라 하면
>
> $31+28+x=75$, $x=16$
>
> 사용누적시간이 1,500분이 되는 때는 3월 16일이 된다.

Answer　14.③　15.②　16.②　17.②

18 어떤 시각에 시작하는 회의에 A, B, C, D 4명이 모였다. A는 B보다 10분 일찍 도착했지만, C보다는 4분 늦게 도착했다. D는 B보다 5분 일찍 도착해서 회의가 시작되는 시각까지는 아직 15분의 여유가 있었다면 C는 회의가 시작되는 몇 분 전에 도착했겠는가?

① 20분 전

② 24분 전

③ 30분 전

④ 35분 전

✔**해설** A는 B보다 10분 일찍 도착했지만 C보다는 4분 늦게 도착했다.

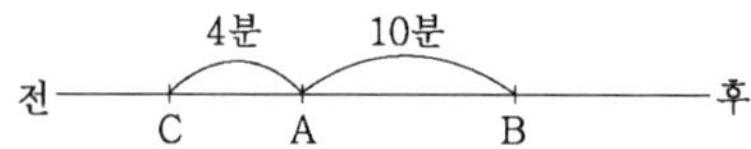

D는 B보다 5분 일찍 도착했고 회의 시작 전까지 15분의 여유가 있었다.

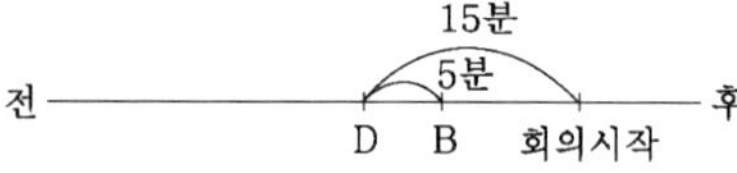

A, B, C, D의 도착 시간을 나열하면

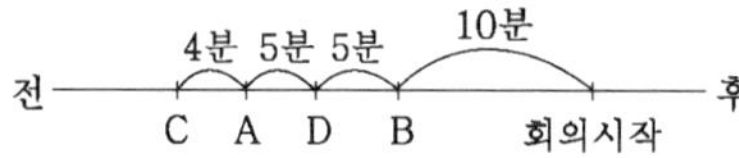

∴ C는 24분 전에 도착했다.

19 페인트 한 통과 벽지 5묶음으로 $51m^2$의 넓이를 도배할 수 있고, 페인트 한 통과 벽지 3묶음으로는 $39m^2$를 도배할 수 있다고 한다. 이때, 페인트 2통과 벽지 2묶음으로 도배할 수 있는 넓이는?

① $45m^2$

② $48m^2$

③ $51m^2$

④ $54m^2$

✔**해설** 페인트 한 통으로 도배할 수 있는 넓이를 xm^2,

벽지 한 묶음으로 도배할 수 있는 넓이를 ym^2라 하면

$\begin{cases} x+5y=51 \\ x+3y=39 \end{cases}$ 이므로 두 식을 연립하면 $2y=12 \Rightarrow y=6, \ x=21$

따라서 페인트 2통과 벽지 2묶음으로 도배할 수 있는 넓이는

$2x+2y=42+12=54(m^2)$ 이다.

20 어떤 종이에 색깔을 칠하는데, 녹색은 종이 전체의 3분의 1을 칠하고 분홍색은 종이 전체의 45%만큼 칠하며 어떤 색도 칠하지 않은 넓이는 전체의 32%가 되었다. 녹색과 분홍색이 겹치게 칠해진 부분이 27.9cm일 때, 전체 종이의 넓이는?

① 260cm^2　　　　　　　　　　② 270cm^2

③ 310cm^2　　　　　　　　　　④ 330cm^2

 전체 종이의 넓이를 A라 하면 $\dfrac{1}{3}A + \dfrac{45}{100}A + \dfrac{32}{100}A = A + 27.9$

양변에 300을 곱하여 식을 정리하면

$100A + (45 \times 3)A + (32 \times 3)A = 300(A + 27.9) \Rightarrow 331A = 300A + 8{,}370$

$\therefore A = 270(\text{cm}^2)$

21 어머니는 24세, 자식은 4세이고 어머니의 나이가 자식의 나이의 3배가 될 때의 자식의 나이는?

① 9세　　　　　　　　　　② 10세

③ 11세　　　　　　　　　　④ 12세

해설 지금부터 3배가 되는 해를 x라 하면,

$(24 + x) = 3(4 + x)$

$\therefore x = 6$

6년 후이므로 자식의 나이는 10(세)이다.

22 아버지의 나이는 자식의 나이보다 24세 많고, 지금부터 6년 전에는 아버지의 나이가 자식의 나이의 5배였다. 자식의 현재 나이는 얼마인가?

① 12세　　　　　　　　　　② 15세

③ 17세　　　　　　　　　　④ 19세

해설 자식의 나이를 x라 하면,

$(x + 24 - 6) = 5(x - 6)$, $48 = 4x$, $x = 12$

아버지의 나이는 $12 + 24 = 36$

$\therefore$ 아버지의 나이 36세, 자식의 나이는 12세

Answer　18.② 19.④ 20.② 21.② 22.①

23 민수의 재작년 나이의 $\dfrac{1}{4}$ 과 내년 나이의 $\dfrac{1}{5}$ 이 같을 때 민수의 올해 나이는?

① 10세   ② 12세

③ 14세   ④ 16세

> ✔ **해설** 민수의 올해 나이를 x라 하면,
>
> $$\frac{1}{4}(x-2)=\frac{1}{5}(x+1)$$
>
> $$5(x-2)=4(x+1)$$
>
> $$5x-10=4x+4$$
>
> $$\therefore\ x=14\,(\text{세})$$

24 A기업의 작년 신입사원의 성비는 남녀가 $5:4$였고 올해는 작년에 비해 여성의 비율이 5% 증가하고 남성의 비율은 4% 감소한 225명의 신입사원이 입사하게 되었다. 작년에 입사한 신입사원의 수와 비교했을 때 올해 신입사원수의 변동은 얼마인가?

① 10명 증가   ② 10명 감소

③ 15명 증가   ④ 변동 없다.

> ✔ **해설** 신입사원의 수를 a, 여자사원의 수를 b라 하면
>
> 남자사원의 수는 $\dfrac{5}{4}b$ $\therefore\ a=\dfrac{5}{4}b+b=\dfrac{9}{4}b$
>
> 올해는 남자사원이 4% 줄고 여자사원이 5% 증가하였으므로
>
> $$\frac{5}{4}b\times0.96+b\times1.05=225,\ b=100$$
>
> $$a=\frac{5}{4}\times100+100=225\,(\text{명})$$
>
> $\therefore$ 올해와 작년의 신입사원 수는 같다.

25 시간당 5분씩 빠르게 가는 아날로그시계가 있다. 1월 1일 오후 12시에 시계를 정각으로 맞춰두었다면 시계가 원래 시간과 같아지는 시점은 언제인가?

① 6일 오전 12시   ② 6일 오후 12시

③ 7일 오전 12시   ④ 7일 오후 12시

> ✔ **해설** 시계는 12시간 주기로 움직이므로 720분이 빨라지는 시점이 원래 시간과 같아지는 시점이 된다.
>
> 5분$\times$(움직인 시간) $=720$분
>
> $\therefore$ 144시간, 즉 6일 후에 원래의 시간과 같아진다.

26 다이아몬드의 가격은 그 무게의 제곱에 비례한다고 한다. 가격이 270만원인 다이아몬드를 잘못하여 두 조각을 내었다. 나누어진 두 조각의 무게의 비가 2 : 1이라고 할 때, 깨뜨렸기 때문에 생긴 손해액은 얼마인가?

① 188만원

② 120만원

③ 125만원

④ 128만원

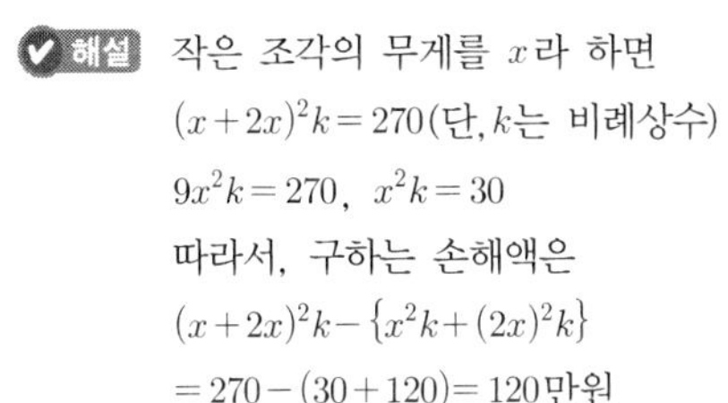 작은 조각의 무게를 x라 하면

$(x+2x)^2 k = 270$ (단, k는 비례상수)

$9x^2 k = 270$, $x^2 k = 30$

따라서, 구하는 손해액은

$(x+2x)^2 k - \{x^2 k + (2x)^2 k\}$

$= 270 - (30 + 120) = 120$만원

27 K원을 형제에게 나누어주는데 형의 몫의 A배는 동생의 몫의 B배 이상이 되게 하려고 한다. 형이 받을 몫의 최솟값은 얼마 인가?

① $\dfrac{(B-A)}{2BK}$

② $\dfrac{ABK}{(A-B)}$

③ $\dfrac{BK}{(A+B)}$

④ $\dfrac{2BK}{(A+B)}$

해설 형이 받을 몫을 x로 두면, 동생이 받을 몫은 $(K-x)$이다.

형의 몫의 A배는 동생의 몫의 B배 이상 이므로, $Ax \geq B(K-x)$

정리하면, $(A+B)x \geq BK$, $x \geq \dfrac{BK}{(A+B)}$

최솟값 x를 구하는 것이기 때문에,

$\therefore \dfrac{BK}{(A+B)}$

28 20cm 길이의 동일한 용수철 3개를 그림과 같이 연결하고 AC의 길이가 60cm가 되도록 늘렸다. 이 때 길이의 비 AB : BC는?

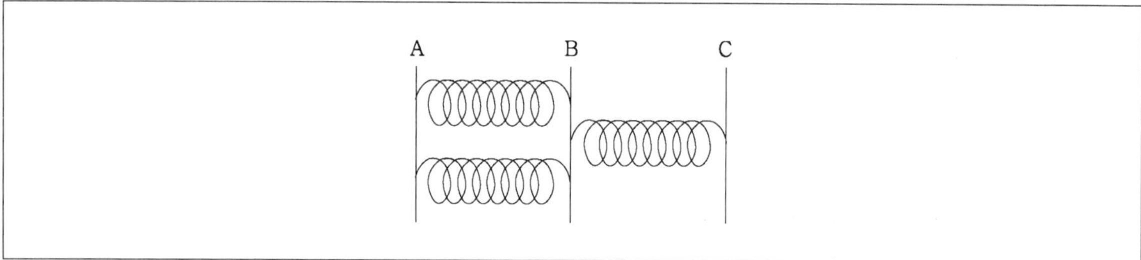

① 2 : 1

② 2 : 3

③ 4 : 5

④ 5 : 4

✔ 해설 현재의 길이에서 20cm가 더 늘어나야 하는데

AB에는 용수철이 2개 있으므로 늘어나는 길이의 비는 AB : BC = 1 : 2가 된다.

늘어났을 때의 용수철 길이의 비는

$$\left(20+\frac{1}{3}\times20\right) : \left(20+\frac{2}{3}\times20\right)=4:5$$

29 원가에 25% 추가한 냉장고의 정가를 할인점에서 10% 할인해서 30개 판매한 것이 총판매액이 될 때 원가 계산식은?

① $\dfrac{총판매액}{32.5}$

② $\dfrac{총판매액}{32.75}$

③ $\dfrac{총판매액}{33.5}$

④ $\dfrac{총판매액}{33.75}$

✔ 해설 원가를 x라 할 때

총판매액 $= (1+0.25)\times x \times (1-0.1)\times 30$

$\qquad\qquad = 33.75x$

∴ 원가 $x = \dfrac{총판매액}{33.75}$

30 버스 요금을 $x\%$ 인상하면 승객은 $0.5x\%$ 줄어든다고 한다. 수입 증가액이 8%가 되게 하려면 요금을 몇 % 인상해야 하는가?

① 20%
② 22%
③ 34%
④ 36%

✔해설 원래 요금을 a원, 승객 수를 b명이라 하면

인상 후 요금은 $a\left(1+\dfrac{x}{100}\right)$원

인상 후 승객 수는 $b\left(1-\dfrac{x}{200}\right)$명

따라서, 인상 후 수입액은 $ab\left(1+\dfrac{8}{100}\right)$원이므로

$$a\left(1+\frac{x}{100}\right)b\left(1-\frac{x}{200}\right)=ab\left(1+\frac{8}{100}\right)$$

$$\therefore x=20 \text{ or } 80$$

31 어떤 물건의 정가는 원가에 $x\%$이익을 더한 것이라고 한다. 그런데 물건이 팔리지 않아 정가의 $x\%$를 할인하여 판매하였더니 원가의 4%의 손해가 생겼을 때, x의 값은?

① 5
② 10
③ 15
④ 20

✔해설 이 물건의 원가를 a라 하자.

이때 정가는 $\left(1+\dfrac{x}{100}\right)a$이므로, 문제의 조건에 의하면

$$\left(1-\frac{x}{100}\right)\left(1+\frac{x}{100}\right)a=\left(1-\frac{4}{100}\right)a$$

$$\Rightarrow\left(1-\frac{x}{100}\right)\left(1+\frac{x}{100}\right)=\frac{96}{100}$$

$$\Rightarrow 1-\left(\frac{x}{100}\right)^2=\frac{96}{100}$$

$$\Rightarrow\left(\frac{x}{100}\right)^2=\frac{4}{100}$$

$$\Rightarrow\frac{x}{100}=\frac{2}{10}$$

$$\therefore x=\frac{2}{10}\times100=20$$

32 구입가격 5,000원의 상품을, 3할의 이익이 남게 정가를 정했지만 판매부진으로 정가의 2할 할인으로 팔았다. 손익은 얼마인가?

① 150원 이익 ② 150원 손해

③ 200원 이익 ④ 200원 손해

> ✔ **해설** $5,000(1+0.3) \times (1-0.2) - 5,000 = 200$
> ∴ 200원 이익이다.

33 어떤 상품에 3할 이익이 남게 정가를 정하면 1,040원이 된다. 이 상품을 팔았을 때 2할의 이익을 얻게 하려면 판매가격을 얼마로 하면 되는가?

① 900원 ② 920원

③ 930원 ④ 960원

> ✔ **해설** 원가를 x라 하면,
> $x \times (1+0.3) = 1,040$
> $1.3x = 1,040$
> $x = 800$
> 2할의 이익을 남기려면
> $800 \times (1+0.2) = 960$
> ∴ 판매가는 960(원)

34 원가가 150원의 상품을 200개 사들이고 4할 이익이 남게 정가를 정하여 판매하였지만 그 중 50개가 남았다. 팔다 남은 상품을 정가의 2할 할인으로 전부 팔았다면 이익의 총액은 얼마인가?

① 9,900원 ② 10,000원

③ 11,000원 ④ 11,200원

> ✔ **해설** 판매가의 이익은 $150 \times 0.4 = 60$이고,
> 150개 판매했으므로 $60 \times 150 = 9,000$(원)이다.
> 판매가에서 2할 할인가격은 $150(1+0.4)(1-0.2) = 168$(원)
> 원가와의 차익은 $168 - 150 = 18$(원)
> 나머지 판매에서 얻은 이익은 $18 \times 50 = 900$(원)
> ∴ 총 이익은 $9,000 + 900 = 9,900$원

35 A전자의 주식이 2월에 10% 하락하고 3월에 20% 올랐다. 2월 말과 3월 초의 주식의 가격이 같다면 2월 초와 3월 말의 주식의 가격을 비교한 것으로 옳은 것은?

① 5% 올랐다

② 8% 올랐다

③ 6% 내렸다

④ 변함없다

> **✔ 해설** 2월 초의 주식의 가격을 x라 할 때,
> 주식의 가격이 10% 하락했으므로 2월 말의 주식의 가격은 $(1-0.1)x$,
> 3월 초의 주식의 가격이 2월 말과 같으므로 $(1-0.1)x$,
> 3월 말의 주식의 가격은 20% 올랐으므로 $(1-0.1)x \times 1.2 = 1.08x$
> ∴ 주식의 가격이 2월 초에 비해 8% 올랐다.

36 민수, 영민, 은희는 저녁을 같이 먹었는데 식사를 마친 후 민수가 식사비의 $\frac{3}{5}$을, 영민이가 그 나머지의 $\frac{1}{7}$을, 은희가 그 나머지를 계산하였는데 은희가 3,600원을 냈다면 저녁식사비는 얼마인가?

① 10,000원

② 10,500원

③ 12,000원

④ 12,500원

> **✔ 해설** 저녁식사비를 A라 할 때 각자 낸 금액은
> ㉠ 민수 : $\frac{3}{5}A$
> ㉡ 영민 : $\left(A - \frac{3}{5}A\right) \times \frac{1}{7}$
> ㉢ 은희 : $A - \left\{\frac{3}{5}A + \left(A - \frac{3}{5}A\right) \times \frac{1}{7}\right\}$
> 그런데 은희가 낸 금액은 3,600원이므로
> $\frac{12}{35}A = 3,600, \quad A = 10,500(원)$

37 민수와 정민이는 저금을 하고 있는데 지금 현재 저금한 금액이 7 : 3이고 민수가 정민이에게 2만 원을 준다면 저금한 금액의 비율이 6 : 4가 된다. 정민이의 저금 금액은?

① 6만 원 　　　　　　　　　　　　② 8만 원

③ 10만 원 　　　　　　　　　　　 ④ 12만 원

> ✔ 해설　민수의 저금 금액을 x, 정민이의 저금 금액을 y라 하면(단위 : 만 원)
>
> $$x : y = 7 : 3, \ x = \frac{7}{3}y$$
>
> 문제 조건에 따라 식을 정리하면
>
> $(x-2) : (y+2) = 6 : 4, \ 4(x-2) = 6(y+2)$가 되므로
>
> $x = \frac{7}{3}y$를 대입하면 $4\left(\frac{7}{3}y - 2\right) = 6(y+2)$
>
> 식을 정리하면 $10y = 60$
>
> $\therefore y = 6$(만 원)

38 어떤 정수를 3배하고 7을 더하면 12보다 크다. 그리고 46에서 이 정수의 5배를 뺀 수는 13보다 크다. 이런 정수는 몇 개 있는가?

① 2개 　　　　　　　　　　　　　② 3개

③ 4개 　　　　　　　　　　　　　④ 5개

> ✔ 해설　어떤 정수를 x라 하면,
>
> $$12 < 3x + 7$$
>
> $$\therefore \frac{5}{3} < x$$
>
> $$46 - 5x > 13$$
>
> $$\therefore x < \frac{33}{5}$$
>
> $\frac{5}{3} < x < \frac{33}{5}$ 즉, $1.66... < x < 6.6...$
>
> $\therefore$ 만족하는 정수는 2, 3, 4, 5, 6의 5개가 있다.

39 동수는 동물 혈액검사를 통해 30분마다 3배로 분열하는 세포를 발견했다. 세포 관찰을 시작하여 3시간 후에 2187개였다면, 처음에 몇 개의 세포였는가?

① 1개   ② 2개

③ 3개   ④ 4개

 **해설** 처음 개수를 x라 하면,

30분 후에 $3x$개, 60분 후에 $9x$개, $\cdots$ 180분 후에 $729x$

$729x = 2187$, $x = 3$개

40 배가 난파하여 표류하던 A는 사과 1상자와 함께 무인도에 도달하게 되었다. 배가 고파진 A는 상자에 담겨있던 사과의 절반을 먹었고 둘째 날 상한 사과 10개를 버리고 남은 사과의 절반을 먹었다. 셋째 날 상한 사과 16개를 버리고 남은 사과의 절반을 먹었더니 8개 남았다. 처음에 상자에 있던 사과의 수는?

① 135개   ② 148개

③ 152개   ④ 161개

해설 상자에 담겨있던 처음 사과의 수를 x라 하면,

$$\left\{\left(\frac{1}{2}x - 10\right) \times \frac{1}{2} - 16\right\} \times \frac{1}{2} = 8 \quad \therefore \ x = 148(개)$$

수열추리

▌1~10▐ 다음 제시된 숫자의 배열을 보고 규칙을 적용하여 빈칸에 들어갈 알맞은 숫자를 고르시오.

1

> 1 2 3 5 8 13 ( ) 34

① 17　　　　　　　　　　② 19
③ 21　　　　　　　　　　④ 23

✔**해설** 앞의 두 항을 더한 것이 다음 항이 되는 피보나치수열이다.

2

> 1 6 ( ) 8 5 10 7

① 3　　　　　　　　　　② 4
③ 9　　　　　　　　　　④ 11

✔**해설** +5, −3, +5, −3, +5, −3의 규칙을 가진다. 따라서 6−3=3

3

> 1 5 11 −5 21 ( ) 31 −25

① 10　　　　　　　　　　② −10
③ 15　　　　　　　　　　④ −15

✔**해설** 1, 3, 5, 7항은 +10의 규칙을, 2, 4, 6, 8항은 −10의 규칙을 가진다. 따라서 −5−10=−15

4

$$1 \quad 3 \quad (\quad) \quad 15 \quad 31 \quad 63 \quad 127$$

① 5

② 7

③ 9

④ 11

✔ 해설 $+2, +2^2, +2^3, +2^4, +2^5, +2^6$의 규칙을 가진다.

5

$$2 \quad 3 \quad 5 \quad 7 \quad 11 \quad 13 \quad 17 \quad 19 \quad (\quad)$$

① 21

② 23

③ 27

④ 29

✔ 해설 주어진 수는 소수(1과 자기 자신만으로 나누어 떨어지는 1보다 큰 양의 정수)이다. 19 다음의 소수는 23이다.

6

$$\frac{1}{88} \quad \frac{3}{88} \quad \frac{5}{88} \quad \frac{7}{88} \quad \frac{9}{88} \quad \frac{(\quad)}{88} \quad \frac{15}{88}$$

① 11

② 12

③ 13

④ 14

✔ 해설 분모가 88인 기약분수이다. $\frac{9}{88}$ 다음에 나올 기약분수는 $\frac{13}{88}$ 이다.

Answer 1.③ 2.① 3.④ 4.② 5.② 6.③

7

3 4 5 7 9 13 15 22 (   ) 34

① 23   ② 25

③ 27   ④ 29

 **해설** 홀수 항은 2의 배수 씩, 짝수 항은 3의 배수 씩 더해지며 증가한다.

8

1 2 −1 8 (   ) 62

① −19   ② −15

③ 10   ④ 12

해설 처음의 숫자에 3^0, -3^1, 3^2, -3^3, 3^4이 더해지고 있다.

9

2 3 7 34 290 (   )

① 3400   ② 3415

③ 3430   ④ 3445

해설 처음의 숫자에서 1^1, 2^2, 3^3, 4^4, 5^5이 더해지고 있다.

10

$61+18=100$ $99+98=($ $)$

① 142   ② 148

③ 152   ④ 158

✔ **해설** $61+18$을 $180°$ 회전시켜 보면 $81+19$이 되어 100임을 알 수 있다.

$99+98$을 $180°$ 회전시켜 보면 $86+66$이 되어 152임을 알 수 있다.

11 다음과 같이 일정한 규칙으로 수를 나열할 때, A, B에 들어갈 수를 찾아 A+B의 값을 구하면?

	3 12 16 4 16 20 5 A B

① 34   ② 44

③ 54   ④ 64

✔ **해설** 규칙을 잘 살펴보면 세 수를 a, b, c로 놓으면
$a \times 4 = b$, $b+4 = c$가 됨을 알 수 있다.
$3 \times 4 = 12$, $12+4 = 16$
$4 \times 4 = 16$, $16+4 = 20$
$5 \times 4 = 20 = A$, $20+4 = 24 = B$
$A+B = 20+24 = 44$

❙12~19❙ 일정한 규칙에 따라 배열된 수이다. ( ) 안에 알맞은 수를 고르시오.

12

	66 17 28 30 92 42 33 23 53 34 86 ( )

① 21   ② 29

③ 37   ④ 43

✔ **해설** 4개의 수으로 구성된 군수열로 첫 번째 자리 수부터 세 번째 자리 수까지는 각 두 자리 수를 하나하나 분리하여 더하면 된다.
즉, 66은 $6+6 = 12$, 17은 $1+7 = 8$, 28은 $2+8 = 10$
위의 수를 모두 더한 것이 4번째 자리 수가 된다. $12+8+10 = 30$
$92 \quad 42 \quad 33 \quad 23 \rightarrow 9+2 = 11 \quad 4+2 = 6 \quad 3+3 = 6 \rightarrow 11+6+6 = 23$
$53 \quad 34 \quad 86 \quad (\ ) \rightarrow 5+3 = 8 \quad 3+4 = 7 \quad 8+6 = 14 \rightarrow 8+7+14 = 29$

13

3 4 1 2   3 5 1 5   3 6 1 ( )

① 7　　　　　　　　　　② 8

③ 9　　　　　　　　　　④ 10

✔ **해설** 4개 수의 관계를 가만히 살펴보면 3　4　1　2 → $3 \times 4 = 12$ 이 모든 수가 하나하나 독립적으로 분리된 것이다.

$3 \times 5 = 15 \rightarrow 3$　5　1　5

$3 \times 6 = 18 \rightarrow 3$　6　1　8

14

2 7 9   10 5 3   6 1 11   1 1 ( )

① 10　　　　　　　　　② 12

③ 14　　　　　　　　　④ 16

✔ **해설** 주어진 세 수를 모두 더하면 18이 된다.

15

5 2 6   1 10 6   3 ( ) 4   15 1 4

① 4　　　　　　　　　　② 5

③ 6　　　　　　　　　　④ 7

✔ **해설** 주어진 세 수를 모두 곱하면 60이 된다.

16

<u>8　3　2</u>　　<u>14　4　3</u>　　<u>20　6　3</u>　　(　) 7　4

① 25

② 27

③ 30

④ 34

✔해설　규칙성을 찾으면 $8=(3\times2)+2$, $14=(4\times3)+2$, $20=(6\times3)+2$이므로 (　　)$=(7\times4)+2$

∴ (　　) 안에 들어갈 수는 30이다.

17

<u>6　2　8　10</u>　　<u>3　7　10　17</u>　　<u>5　8　13 (　)</u>

① 12

② 15

③ 18

④ 21

✔해설　규칙성을 찾으면 6 2 8 10에서 첫 번째 수와 두 번째 수를 더하면 세 번째 수가 되고 두 번째 수와 세 번째 수를 더하면 네 번째 수가 된다.

∴ (　　) 안에 들어갈 수는 21이다.

18

<u>2　5　10　7　16</u>　　<u>3　2　6　7　12</u>　　<u>5　2 (　) 6　15</u>

① 8

② 10

③ 12

④ 14

✔해설　규칙성을 찾으면 2 5 10 7 16에서 첫 번째 수와 두 번째 수를 곱하면 세 번째 수가 나오고 세 번째 수와 네 번째 수를 더한 후 1을 빼면 다섯 번째 수가 된다.

∴ (　　) 안에 들어갈 수는 10이다.

19

$$3\ 5\ 9\ 15 \qquad 4\ 6\ 16\ 24 \qquad 5\ 7\ (\quad)\ 35 \qquad 6\ 8\ 36\ 48$$

① 23

② 24

③ 25

④ 26

> ✔ **해설** 규칙성을 찾으면 3 5 9 15에서 첫 번째 수에 2를 더하면 두 번째 수가 되고, 첫 번째 수에 제곱을 한 값이 세 번째 수, 첫 번째 수와 두 번째 수를 곱한 값이 네 번째 수가 된다.
> ∴ (　) 안에 들어갈 수는 25이다.

┃20~24┃ 다음 제시된 식을 보고 빈칸에 들어갈 알맞은 수를 고르시오.

20

$$4\otimes3=17 \qquad 7\otimes2=59 \qquad 9\otimes3=612 \qquad 8\otimes6=(\quad)$$

① 48

② 96

③ 142

④ 214

> ✔ **해설** $4\otimes3=17$을 살펴보면 $4-3=1$, $4+3=7$
> 앞의 수와 뒤의 수를 더한 값이 일의 자리 수, 앞의 수에서 뒤의 수를 뺀 것이 십의 자리 수가 된다.
> $7\otimes2=59 \rightarrow 7-2=5,\ 7+2=9$
> $9\otimes3=612 \rightarrow 9-3=6,\ 9+3=12$
> $8\otimes6=(\quad) \rightarrow 8-6=2,\ 8-6=14 \rightarrow 214$

21

$$23\oplus8=3 \qquad 11\oplus14=1 \qquad 4\oplus30=2 \qquad 25\oplus7=(\quad)$$

① 0

② 1

③ 2

④ 3

> ✔ **해설** $23\oplus8=3 \rightarrow 23+8=31 \rightarrow 31\div4$ 몫은 7, 나머지는 3
> $11\oplus14=1 \rightarrow 11+14=25 \rightarrow 25\div4$ 몫은 6, 나머지는 1
> $4\oplus30=2 \rightarrow 4+30=34 \rightarrow 34\div4$ 몫은 8, 나머지는 2
> $25\oplus7=(\quad) \rightarrow 25+7=32 \rightarrow 32\div4$ 몫은 8, 나머지는 0

22

$$12 * 2 = 4 \quad 15 * 3 = 2 \quad 20 * 4 = (\quad)$$

① 1

② 3

③ 5

④ 7

> **✔ 해설** 계산 법칙을 유추하면 첫 번째 수를 두 번째 수로 나눈 후 두 번째 수를 빼고 있다.

23

$$4 \circ 8 = 5 \quad 7 \circ 8 = 11 \quad 9 \circ 5 = 9 \quad 3 \circ (7 \circ 2) = (\quad)$$

① 6

② 13

③ 19

④ 24

> **✔ 해설** 계산 법칙을 유추하면 두 수를 곱한 후 십의자리 수와 일의자리 수를 더하고 있으므로 (7∘2)는 $7 \times 2 = 14$에서
> $1 + 4 = 5$, 3∘5는 $3 \times 5 = 15$에서 $1 + 5 = 6$
> ∴ (　) 안에는 6이 들어간다.

24

$$2 * 3 = 3 \quad 4 * 7 = 21 \quad 5 * 8 = 32 \quad 7 * (5 * 3) = (\quad)$$

① 70

② 72

③ 74

④ 76

> **✔ 해설** 계산 법칙을 유추하면 두 수를 곱한 후 두 번째 수를 빼고 있으므로
> $5 * 3$은 $5 \times 3 - 3 = 12$, $7 * 12 = 7 \times 12 - 12 = 72$

|25~27 | 다음 ▲ 표시된 곳의 숫자에서부터 시계방향으로 진행하면서 숫자와의 관계를 고려하여 ? 표시된 곳
에 들어갈 알맞은 숫자를 고르시오.

25

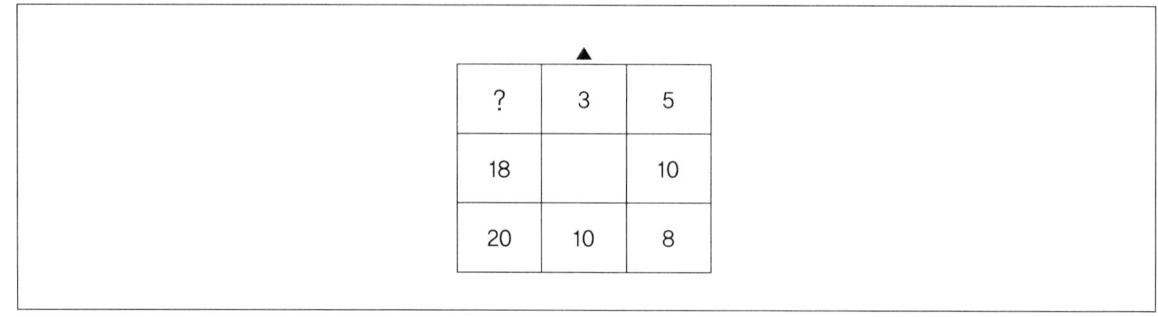

① 16
② 18
③ 20
④ 22

✔ 해설 3부터 시계방향으로 각 숫자의 차가 +2, ×2, −2의 순서로 변한다.

26

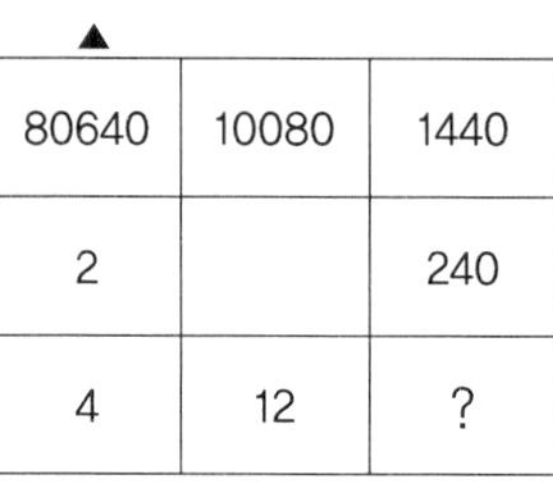

① 24
② 48
③ 60
④ 120

✔ 해설 80640부터 시계방향 차례대로 8, 7, 6, 5, …이 나눠지면서 변하고 있다.

27

?	3	4
66		6
34	18	10

① 120

② 130

③ 140

④ 150

 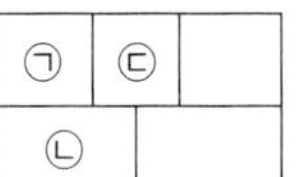 +1, +2, +4, +8, +16, +32로 수가 변하고 있으므로, 66에는 64가 더해져 130이 된다.

┃28~40┃ 다음 ? 표시된 부분에 들어갈 숫자를 고르시오.

28

200	40	20	10	5
5	2	2	?	

① 2

② 4

③ 6

④ 8

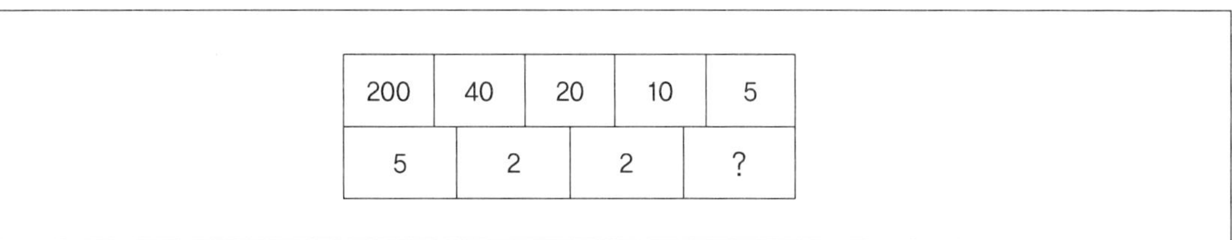

29

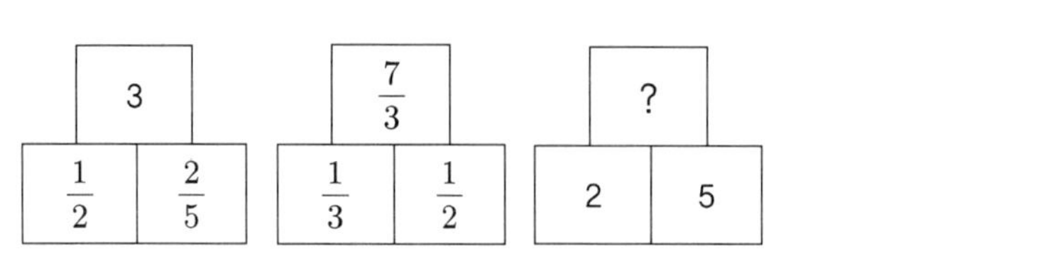

① $\dfrac{11}{5}$　　　　② $\dfrac{17}{5}$

③ $\dfrac{11}{2}$　　　　④ $\dfrac{17}{2}$

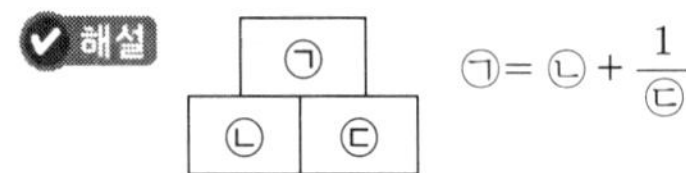  $\bigcirc = \bigcirc + \dfrac{1}{\bigcirc}$

30

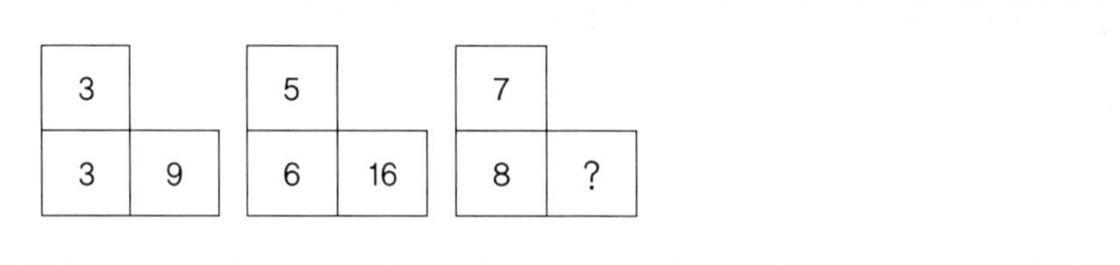

① 22　　　　② 25

③ 28　　　　④ 31

 $\bigcirc = \bigcirc \times 2 + \bigcirc$

31

19	5	4
18	4	2
17	3	?
16	2	0

① 0

② 1

③ 2

④ 3

✔**해설** 3열의 수는 1열의 수를 2열의 수로 나눈 나머지이다. 따라서 빈칸에 들어갈 수는 $17 \div 3 = 5 \cdots 2$, 즉 2이다.

32

A	B		B	D		C	F
G	D		N	H		?	L

① U

② V

③ W

④ X

✔**해설** 영문 알파벳과 숫자를 대응시키면 다음의 표와 같다.

A	B	C	D	E	F	G	H	I	J	K	L	M	N	O	P	Q	R	S	T	U	V	W	X	Y	Z
1	2	3	4	5	6	7	8	9	10	11	12	13	14	15	16	17	18	19	20	21	22	23	24	25	26

주어진 도형의 알파벳을 대응하는 숫자로 치환하면

1	2		2	4		3	6
7	4		14	8		?	12

첫 번째 도형은 시계방향으로 1, 2, 3, 두 번째 도형은 시계방향으로 2, 4, 6씩 더해지며 증가한다. 따라서 세 번째 도형은 시계방향으로 3, 6, 9씩 더해지며 증가해야 한다.

∴ 빈칸에 들어갈 문자는 $12+9=21$, 즉 U가 들어가야 한다.

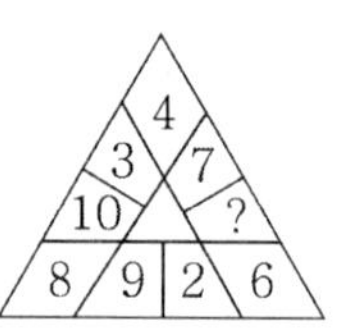

① 5　　　　　　　　② 8

③ 11　　　　　　　 ④ 14

✔해설 한 변의 숫자를 더하면 모두 25가 된다.

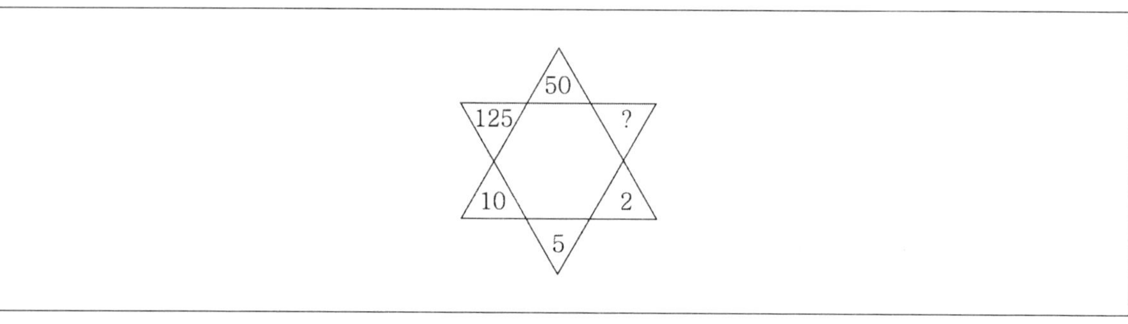

① 21　　　　　　　② 23

③ 25　　　　　　　④ 27

✔해설 마주보고 있는 숫자를 곱하면 모두 250이 된다.

35

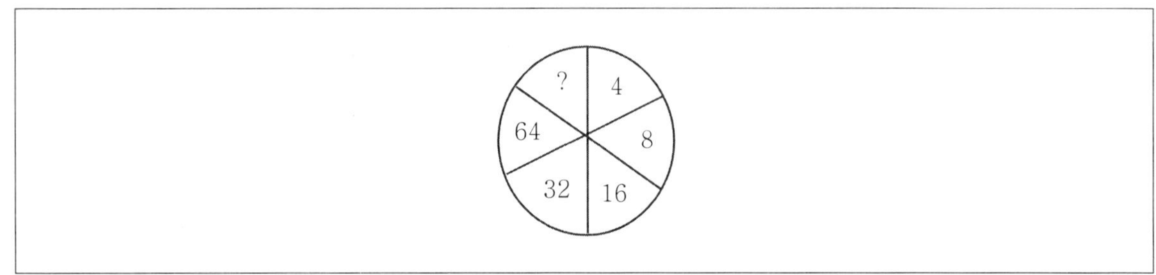

① 126 ② 127

③ 128 ④ 129

✔해설 4에서 시작해서 시계방향으로 2가 곱해지면서 변하고 있다.

36

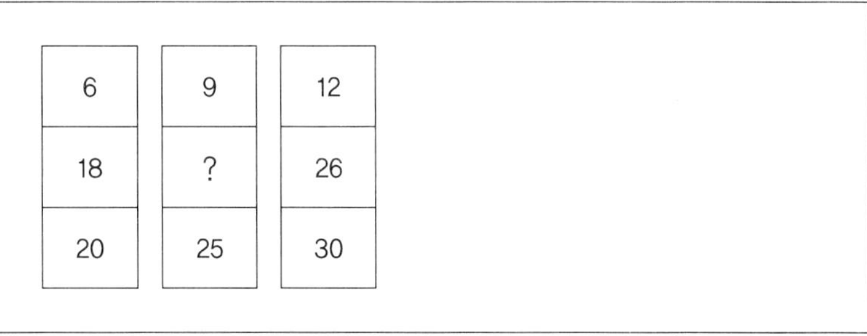

① 21 ② 22

③ 23 ④ 24

✔해설 첫 번째 줄의 각 숫자의 차는 3이고, 두 번째 줄의 각 숫자의 차는 4이고, 세 번째 줄의 각 숫자의 차는 5이다.

37

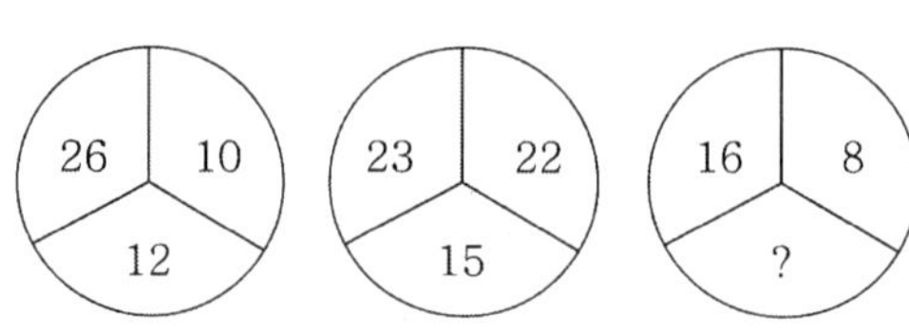

① 8

② 10

③ 12

④ 14

$$ⓒ = \frac{㉠ + ㉡}{3}$$

38

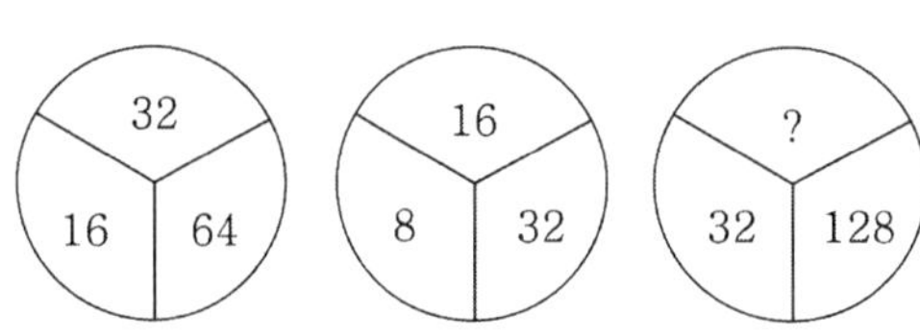

① 60

② 62

③ 64

④ 66

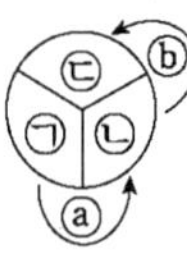
$$ⓐ = ㉠ \times 4, \quad ⓑ = ㉡ \times \frac{1}{2}$$

39

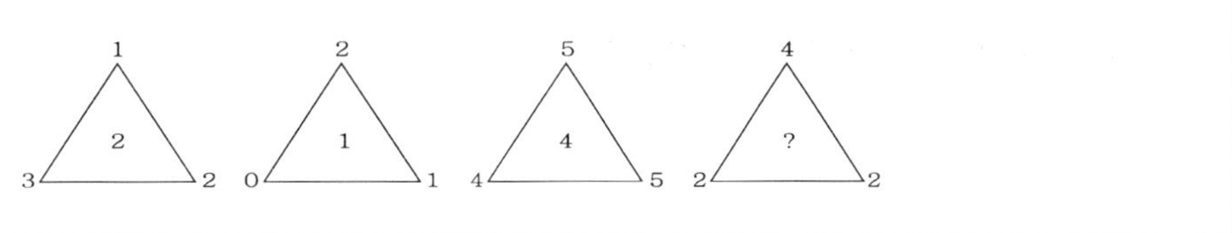

① 2

② 3

③ 4

④ 5

 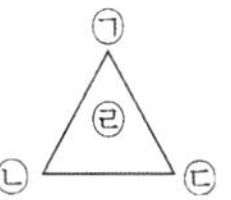 ㉠+㉡-㉢=㉣

40

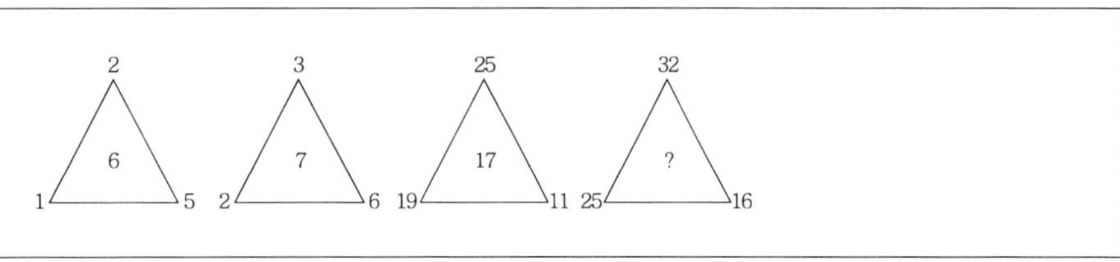

① 14

② 17

③ 20

④ 23

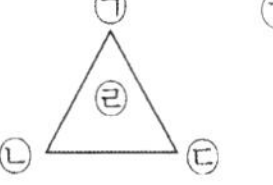 ㉠-㉡+㉢=㉣

CHAPTER 05

사무지각

|1~5| 다음 중 나머지와 규칙이 다른 하나를 고르시오.

1 ① 2 3 6 7   ② ㄴ ㄷ ㅂ ㅅ

     ③ Ⅱ Ⅲ Ⅴ Ⅵ   ④ ⓑ ⓒ ⓕ ⓖ

> **해설** ③ 'Ⅱ Ⅲ Ⅵ Ⅶ'가 되어야 동일한 규칙이 된다.

1	2	3	4	5	6	7
ㄱ	ㄴ	ㄷ	ㄹ	ㅁ	ㅂ	ㅅ
Ⅰ	Ⅱ	Ⅲ	Ⅳ	Ⅴ	Ⅵ	Ⅶ
ⓐ	ⓑ	ⓒ	ⓓ	ⓔ	ⓕ	ⓖ

2 ① 강 낭 망 방   ② ① ② ⑥ ⑦

     ③ ⓐ ⓑ ⓕ ⓖ   ④ 빨 주 남 보

> **해설** ① '강 낭 방 상'이 되어야 동일한 규칙이 된다.

강	낭	당	랑	망	방	상
①	②	③	④	⑤	⑥	⑦
ⓐ	ⓑ	ⓒ	ⓓ	ⓔ	ⓕ	ⓖ
빨	주	노	초	파	남	보

3 ① 월 화 수 목   ② (2) (3) (4) (5)

③ 나 다 라 마   ④ 빨 주 노 초

✔ **해설** ④ '주 노 초 파'가 되어야 동일한 규칙이 된다.

일	월	화	수	목	금	토
(1)	(2)	(3)	(4)	(5)	(6)	(7)
㉮	㉯	㉰	㉱	㉲	㉳	㉴
빨	주	노	초	파	남	보

4 ① 1 4 5 7   ② A B E D

③ 가 라 마 사   ④ one four five seven

✔ **해설** ② 'A D E G'가 되어야 동일한 규칙이 된다.

1	2	3	4	5	6	7
A	B	C	D	E	F	G
가	나	다	라	마	바	사
one	two	three	four	five	six	seven

5 ① A B F G   ② Ⅰ Ⅱ Ⅴ Ⅶ

③ ㉮ ㉯ ㉳ ㉴   ④ 1 2 6 7

✔ **해설** ② 'Ⅰ Ⅱ Ⅵ Ⅶ'가 되어야 동일한 규칙이 된다.

A	B	C	D	E	F	G
Ⅰ	Ⅱ	Ⅲ	Ⅳ	Ⅴ	Ⅵ	Ⅶ
㉮	㉯	㉰	㉱	㉲	㉳	㉴
1	2	3	4	5	6	7

Answer   1.③ 2.① 3.④ 4.② 5.②

▌6~10 ▌ 다음 중 각 문제에서 제시된 단어와 같은 단어의 개수를 고르시오.

동타	동소	동물	동치
동소	동준	동탁	동타
동주	동탁	동준	동주
동탁	동타	동치	동해
동해	동화	동상	동소
동화	동탁	동주	동상

6

동주

① 1개　　　　　　　　　　　② 2개

③ 3개　　　　　　　　　　　④ 없다.

✔ **해설**

동타	동소	동물	동치
동소	동준	동탁	동타
동주	동탁	동준	**동주**
동탁	동타	동치	동해
동해	동화	동상	동소
동화	동탁	**동주**	동상

7

동해

① 없다.　　　　　　　　　　② 1개

③ 2개　　　　　　　　　　　④ 3개

✔ **해설**

동타	동소	동물	동치
동소	동준	동탁	동타
동주	동탁	동준	동주
동탁	동타	동치	**동해**
동해	동화	동상	동소
동화	동탁	동주	동상

8

<table><tr><td>동간</td></tr></table>

① 1개 ② 2개
③ 3개 ④ 없다.

✔해설 '동간'은 찾을 수 없다.

9

<table><tr><td>동물</td></tr></table>

① 1개 ② 2개
③ 3개 ④ 4개

✔해설

동타	동소	**동물**	동치
동소	동준	동탁	동타
동주	동탁	동준	동주
동탁	동타	동치	동해
동해	동화	동상	동소
동화	동탁	동주	동상

10

<table><tr><td>동탁</td></tr></table>

① 1개 ② 2개
③ 3개 ④ 4개

✔해설

동타	동소	동물	동치
동소	동준	**동탁**	동타
동주	**동탁**	동준	동주
동탁	동타	동치	동해
동해	동화	동상	동소
동화	**동탁**	동주	동상

Answer 6.③ 7.③ 8.④ 9.① 10.④

양	약	양	얀
얀	얕	얌	양
얌	양	얕	얌
약	얀	약	얀
양	약	양	약

11

6개

① 양   ② 얀

③ 약   ④ 얌

✔ 해설

양	약	양	얀
얀	얕	얌	양
얌	양	얕	얌
약	얀	약	얀
양	약	양	약

12

5개

① 얌   ② 얀

③ 약   ④ 양

✔ 해설

양	약	양	얀
얀	얕	얌	양
얌	양	얕	얌
약	얀	약	얀
양	약	양	약

13

4개

① 약 　　　　　　　　　　② 얀

③ 양 　　　　　　　　　　④ 얌

양	약	양	얀
얀	얕	얌	양
얌	양	얕	얌
약	얀	약	얀
양	약	양	약

14

3개

① 얕 　　　　　　　　　　② 약

③ 양 　　　　　　　　　　④ 얌

양	약	양	얀
얀	얕	얌	양
얌	양	얕	얌
약	얀	약	얀
양	약	양	약

15

2개

① 얌   ② 얕

③ 양   ④ 얀

 **해설**

양	약	양	얀
얀	**얕**	얌	양
얌	양	**얕**	얌
약	얀	약	얀
양	약	양	약

┃16~20┃ 다음 표를 보고 제시되지 않은 단어를 고르시오.

수영	수정	수도	수원	수산
수삼	수들	수울	수영	수가
수와	수서	수완	수만	수얼
수평	수질	수풀	수번	수맙
수화	수석	수먹	수덩	수돌

16 ① 수사   ② 수와

③ 수번   ④ 수도

해설

수영	수정	**수도**	수원	수산
수삼	수들	수울	수영	수가
수와	수서	수완	수만	수얼
수평	수질	수풀	**수번**	수맙
수화	수석	수먹	수덩	수돌

17 ① 수영　　　　　　　　　　　　② 수들
　　③ 수편　　　　　　　　　　　　④ 수질

수영	수정	수도	수원	수산
수삼	수들	수울	수영	수가
수와	수서	수완	수만	수얼
수평	수질	수풀	수번	수맙
수화	수석	수먹	수덩	수돌

18 ① 수가　　　　　　　　　　　　② 수말
　　③ 수화　　　　　　　　　　　　④ 수돌

수영	수정	수도	수원	수산
수삼	수들	수울	수영	수가
수와	수서	수완	수만	수얼
수평	수질	수풀	수번	수맙
수화	수석	수먹	수덩	수돌

19 ① 수먹　　　　　　　　　　　　② 수얼
　　③ 수평　　　　　　　　　　　　④ 수월

수영	수정	수도	수원	수산
수삼	수들	수울	수영	수가
수와	수서	수완	수만	수얼
수평	수질	수풀	수번	수맙
수화	수석	수먹	수덩	수돌

20 ① 수서 ② 수원
③ 수만 ④ 수삼

 해설

수영	수정	수도	수원	수산
수삼	수들	수울	수영	수가
수와	수서	수완	수만	수얼
수평	수질	수풀	수번	수맙
수화	수석	수먹	수덩	수돌

▌21~25▐ 다음 표를 보고 제시된 문자 중 가장 많이 반복된 문자를 고르시오.

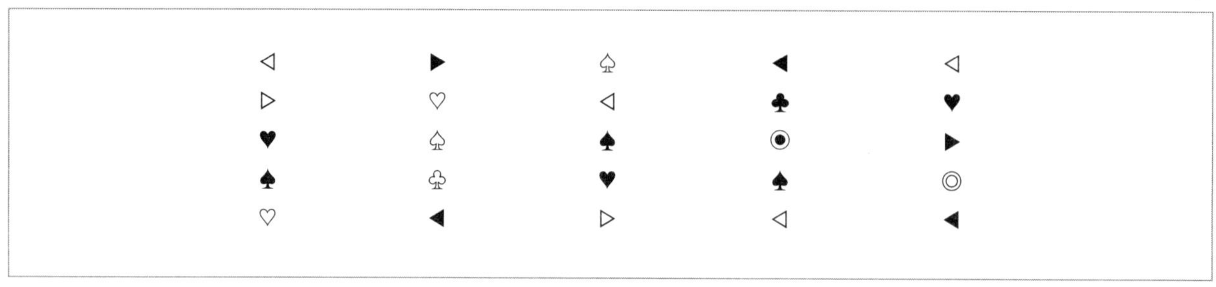

21

① ◁ ② ▷
③ ▶ ④ ♤

 해설 ◁(4개), ▷(2개), ▶(2개), ♤(2개)

22

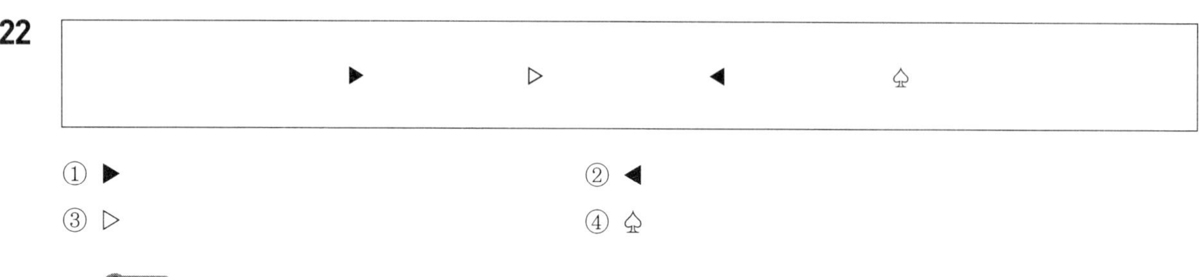

① ▶ ② ◀
③ ▷ ④ ♤

해설 ◀(3개), ▶(2개), ▷(2개), ♤(2개)

23

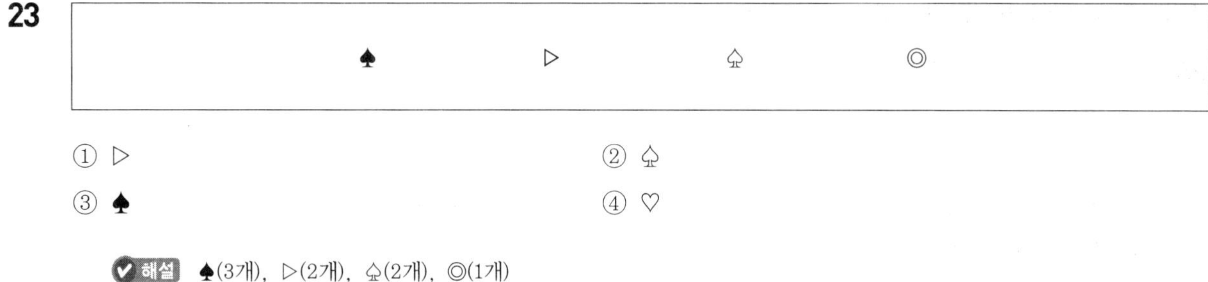

① ▷   ② ♤

③ ♠   ④ ♡

> ✔해설   ♠(3개), ▷(2개), ♤(2개), ◎(1개)

24

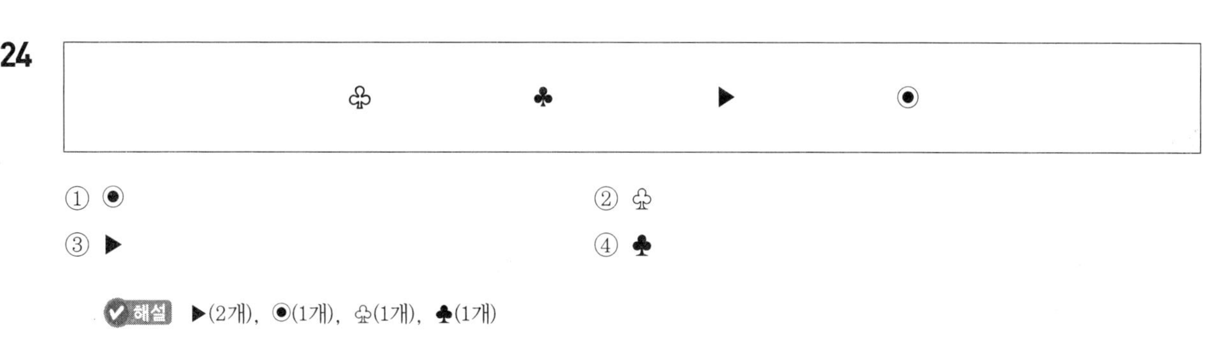

① ◉   ② ♧

③ ▶   ④ ♣

> ✔해설   ▶(2개), ◉(1개), ♧(1개), ♣(1개)

25

① ♤, ♡   ② ♡, ♠

③ ♥, ♤   ④ ♥, ♠

> ✔해설   ♥(3개), ♠(3개), ♤(2개), ♡(2개)

26

직업기초능력평가

① 직업기조능력평가　　　　　　② 직업기초능력평가
③ 직업기초능력펑가　　　　　　④ 직업기초능력평가

 ① 직업기**조**능력평가
② 직업기초능**럭**평가
③ 직업기초능력**펑**가

27

깨끗한소형오피스텔

① 깨끗한소헝오피스텔　　　　　　② 깨끗한소형오피스텔
③ 께끗한소형오피스텔　　　　　　④ 깨끗한소형오피스뗄

✔ 해설 ① 깨끗한소**헝**오피스텔
③ **께**끗한소형오피스텔
④ 깨끗한소형오피스**뗄**

28

3479703322232

① 3479703323232　　　　　　② 3479703322232
③ 3479703322222　　　　　　④ 3479730322232

✔ 해설 ① 3479703323232
③ 3479703322222
④ 34797**30**322232

29

> アカサタナバマライキシ

① アカサタナバマタイキシ

② アカサタナサマライキシ

③ アカサタナバマライキシ

④ アマサタナバマライキシ

✔ 해설　① アカサタナバマ**タ**イキシ
　　　　　② アカサタナ**サ**マライキシ
　　　　　④ ア**マ**サタナバマライキシ

30

> ONETWOTHREE

① ONETWOTHREE

② ONETVOTHREE

③ ONETWOTHRFE

④ ONETWOTLREE

✔ 해설　② ONET**V**OTHREE
　　　　　③ ONETWOTHR**F**E
　　　　　④ ONETWOT**L**REE

| 31~35 | 다음 제시된 문자열과 다른 것을 고르시오.

31

나랏말싸미듕귁에달아

① 나랏말싸미듕귁에달아 ② 나랏말싸미둥귁에달아
③ 나랏말싸미듕귁에달아 ④ 나랏말싸미듕귁에달아

✔ 해설 ② 나랏말싸미**둥**귁에달아

32

GOODFORYOU

① GOODFORYOU ② GOODEORYOU
③ GOODFORYOU ④ GOODFORYOU

✔ 해설 ② GOOD**E**ORYOU

33

공무원기출문제집

① 공무원기출문제집 ② 공무원기출문제집
③ 공무원기줄문제집 ④ 공무원기출문제집

✔ 해설 ③ 공무원기**줄**문제집

34

154684532184648

① 154684532184648

② 154684582184648

③ 154684532184648

④ 154684532184648

✔ **해설** ② 154684582184648

35

서원각홈페이지무료강의

① 서원각홈패이지무료강의

② 서원각홈페이지무료강의

③ 서원각홈페이지무료강의

④ 서원각홈페이지무료강의

✔ **해설** ① 서원각홈패이지무료강의

Answer   31.② 32.② 33.③ 34.② 35.①

❙36~40❙ 다음에서 왼쪽에 표시된 문자를 오른쪽에서 찾아 개수를 구하시오.

36

㉯	사아하가라가카타나자차다라마바

① 1 ② 2
③ 3 ④ 4

✔ 해설 사아하가라가카타㉯자차다라마바

37

#	!@#$%#&₩+#×℃⇨#※

① 1 ② 2
③ 3 ④ 4

✔ 해설 !@#$%#&₩+#×℃⇨#※

38

9	3536218202883291234

① 1 ② 2
③ 3 ④ 4

✔ 해설 3536218202883291234

39

| Ⅲ | Ⅰ Ⅱ Ⅲ Ⅰ Ⅱ Ⅲ Ⅰ Ⅰ Ⅰ Ⅱ Ⅲ Ⅰ Ⅰ Ⅰ Ⅱ |

① 1 　　　　　　　　　　② 2
③ 3 　　　　　　　　　　④ 4

✔ 해설 Ⅰ Ⅱ **Ⅲ** Ⅰ Ⅱ **Ⅲ** Ⅰ Ⅰ Ⅰ Ⅱ **Ⅲ** Ⅰ Ⅰ Ⅰ Ⅱ

40

| ⊂ | ⊃ ⊃ ⊓ ⊃ ∪ ⊂ ⊓ ⊃ ⊓ ∪ ∪ ⊃ ⊂ ∪ ⊃ ⊓ |

① 1 　　　　　　　　　　② 2
③ 3 　　　　　　　　　　④ 4

✔ 해설 ⊃ ⊃ ⊓ ⊃ ∪ **⊂** ⊓ ⊃ ⊓ ∪ ∪ ⊃ **⊂** ∪ ⊃ ⊓

공간지각

1 다음 제시된 그림을 위로 뒤집고 오른쪽으로 뒤집은 후 시계 방향으로 270° 회전한 그림은?

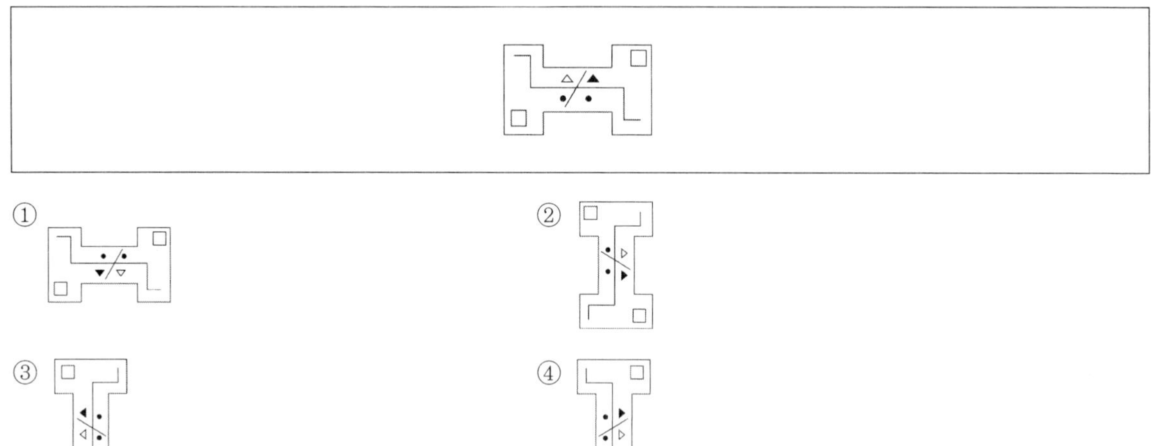

2 다음 제시된 그림을 시계 반대 방향으로 90° 회전한 후 위로 뒤집고 왼쪽으로 뒤집은 모양으로 옳은 것은?

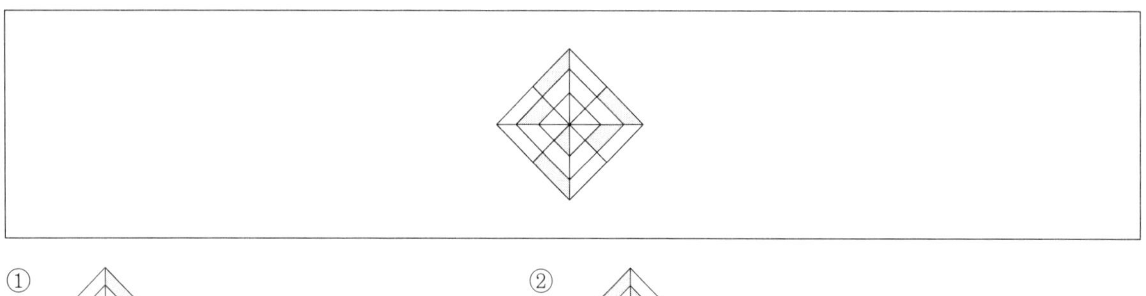

① 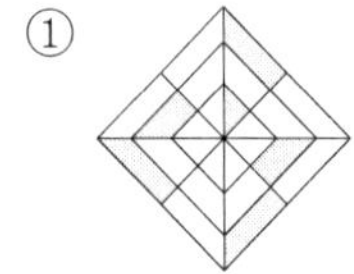 ② 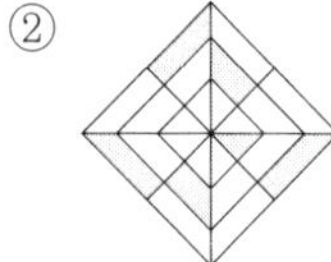

③ 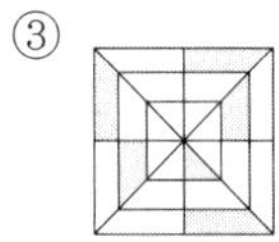 ④ 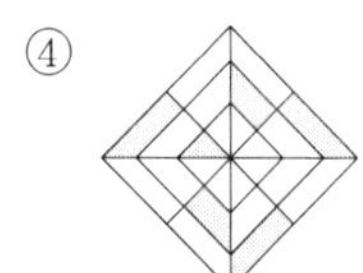

3 다음 제시된 그림을 시계 반대 방향으로 90° 회전한 후 왼쪽으로 뒤집고 시계 방향으로 다시 180° 회전 시켰을 때 나올 수 있는 그림은?

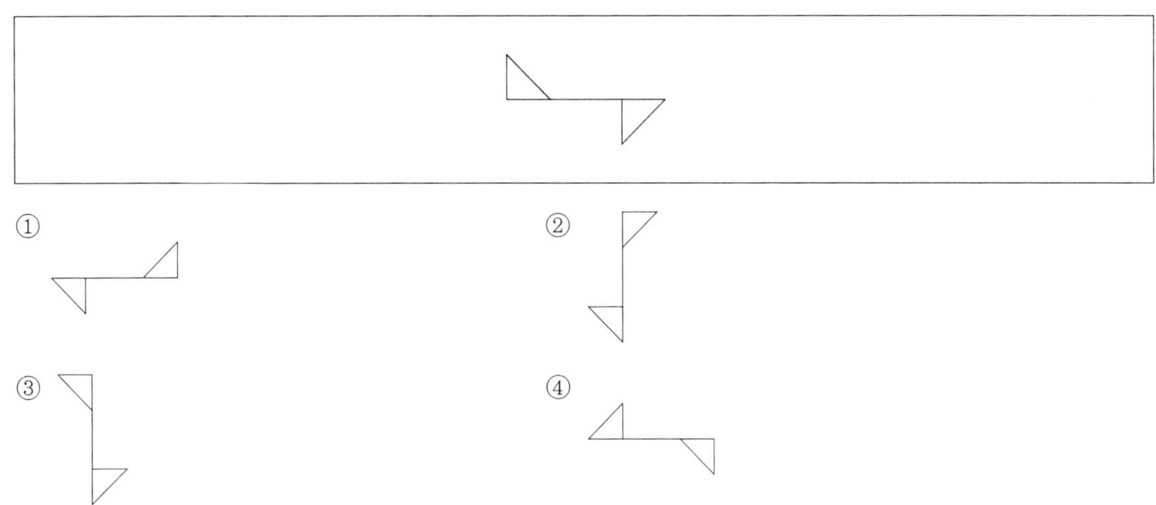

4 다음 제시된 그림을 위로 뒤집고 시계 반대 방향으로 90° 회전한 후 다시 위로 뒤집고 오른쪽으로 뒤집 었을 때 나오는 모양은?

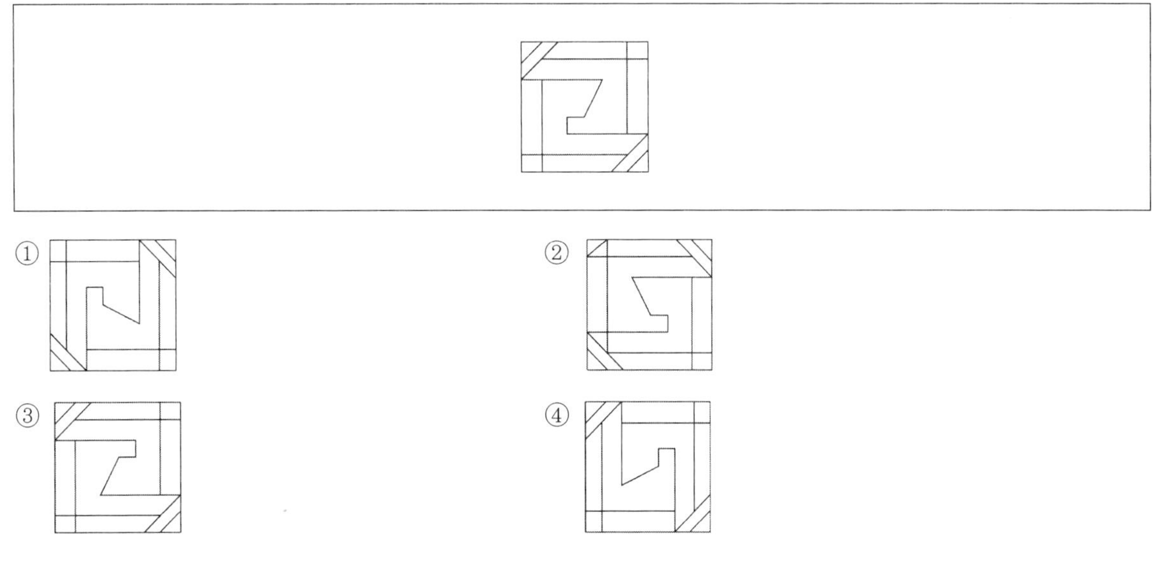

5 다음 제시된 그림을 시계 반대 방향으로 270˚ 회전시키고 아래로 뒤집은 후 다시 시계 방향으로 90˚ 회전시키고 다시 아래로 뒤집었을 때 모양은?

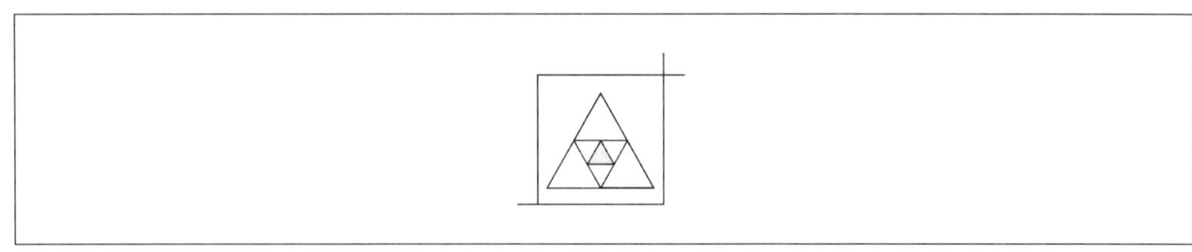

① 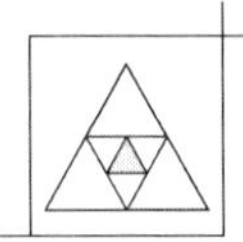

② 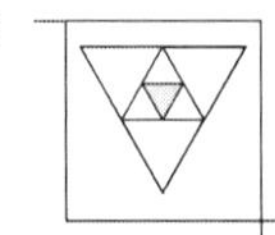

③ 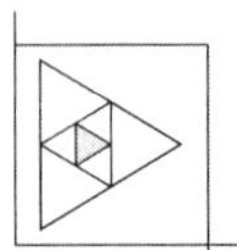

④ 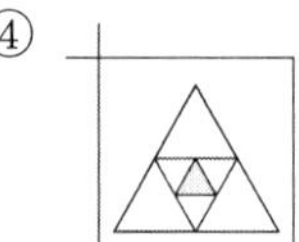

┃6~13┃ 다음 중 나머지 셋과 다른 것을 고르시오.

6 ① 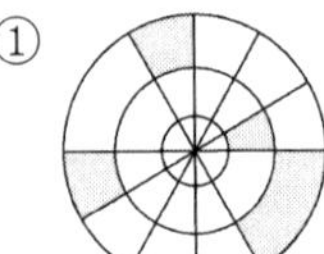

② 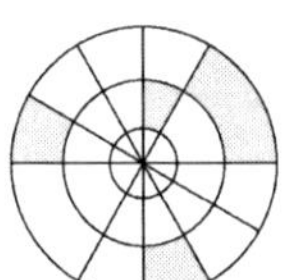

③ 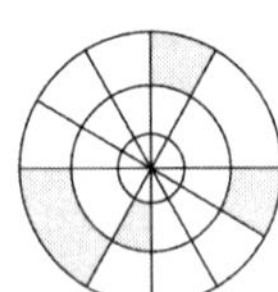

④ 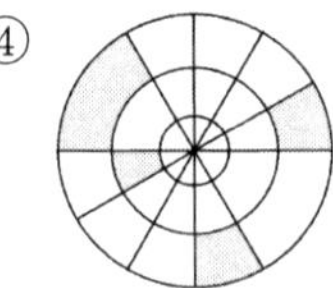

✔**해설** ①③④는 회전관계, ②는 색칠된 부분이 다른 그림이다.

7   ① 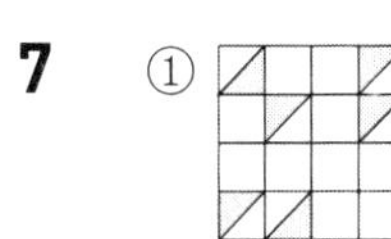   ② 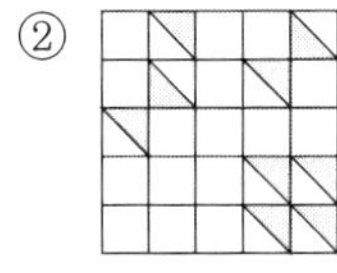

③ 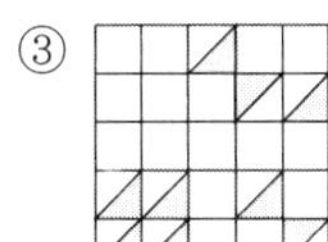   ④ 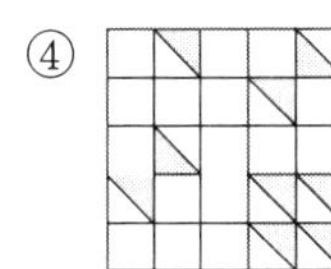

✔ 해설   ①②③은 회전관계, ④는 모양이 다른 그림이다.

8   ① 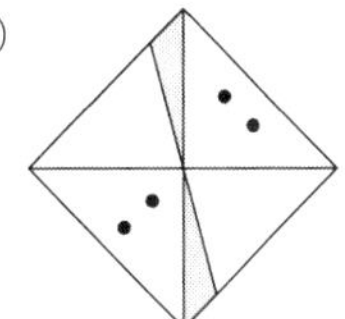   ② 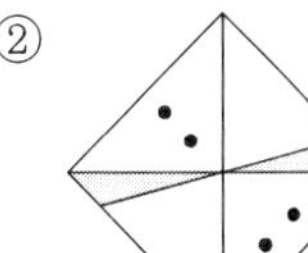

③   ④ 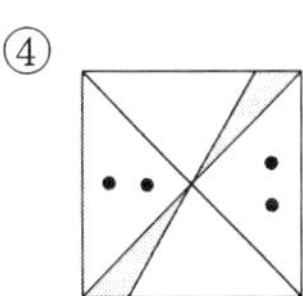

✔ 해설   ①②④는 회전관계, ③은 모양이 다른 그림이다.

9   ① 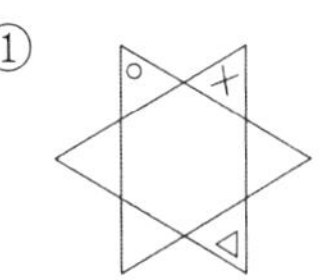   ② 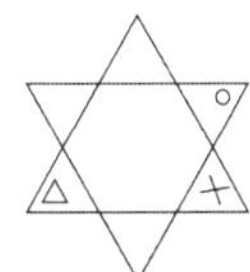

③   ④ 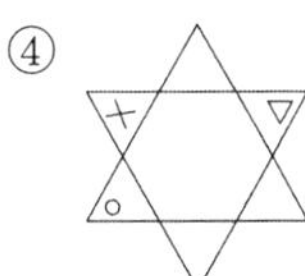

✔ 해설   ①②④는 회전관계, ③은 ○, × 표시가 반대로 되어 있다.

Answer   5.① 6.② 7.④ 8.③ 9.③

10 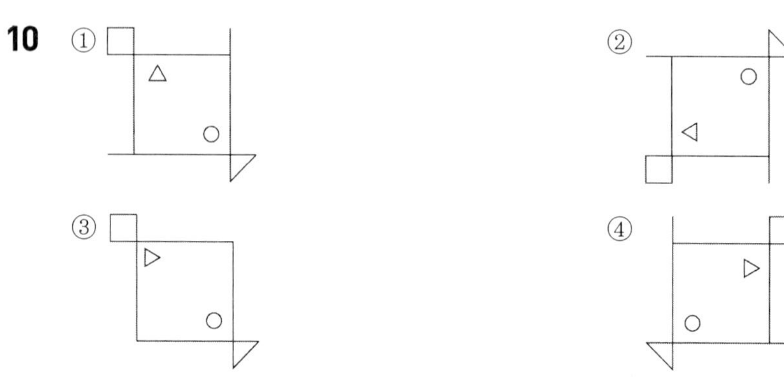

✔해설 ①②④ 회전관계, ③은 △의 형태가 다르며, 직선이 없다.

11 

✔해설 ①③④ 회전관계, ②는 ◦의 위치가 다르다.

12
① 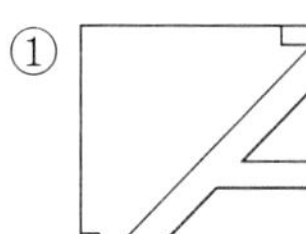
② 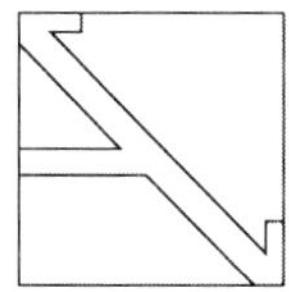
③ 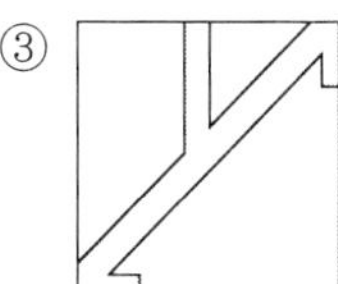
④ 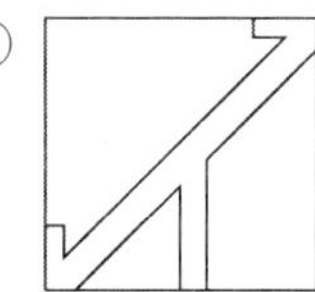

✔해설 ②③④ 회전관계, ①은 모양이 다르다.

13
① 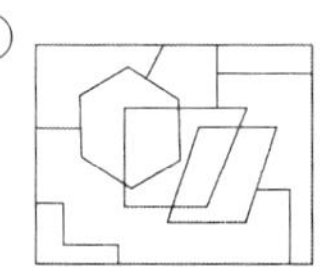
② 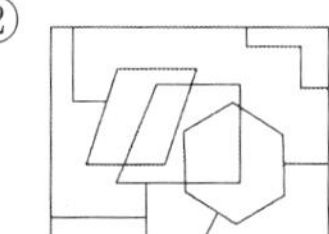
③ 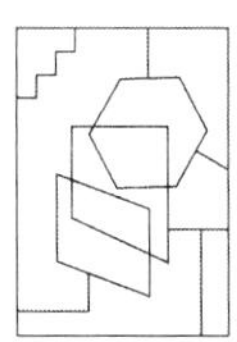
④ 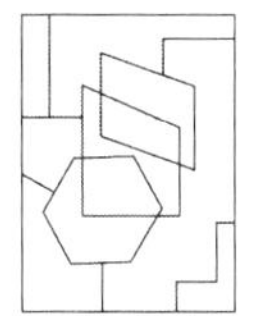

✔해설 ①②④ 회전관계, ③은 모양이 다르다.

14

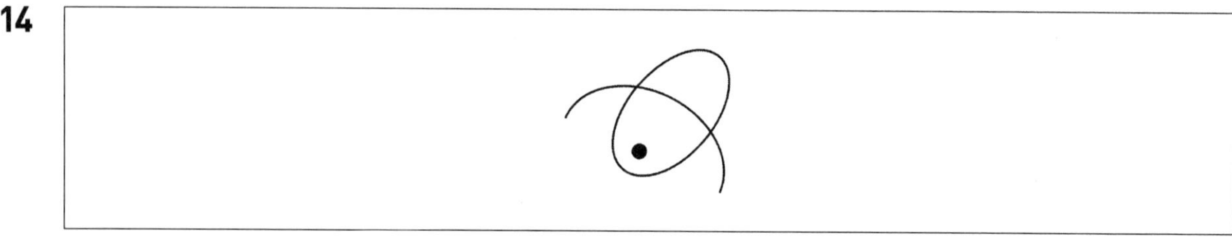

① 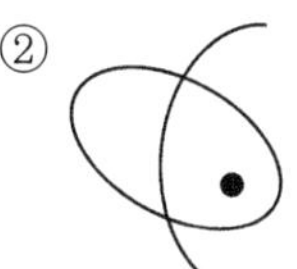

②

③ 

④

15

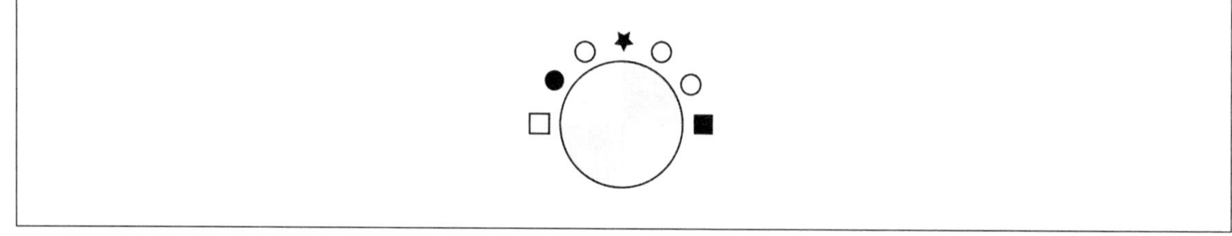

① 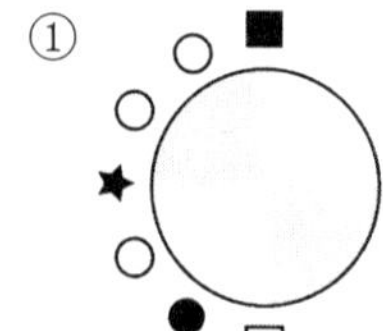

② 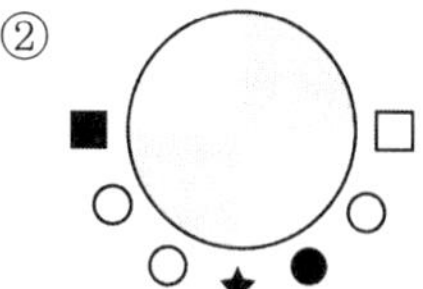

③ 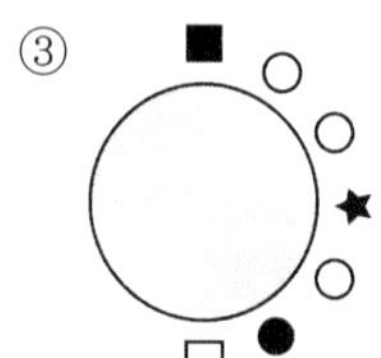

④ 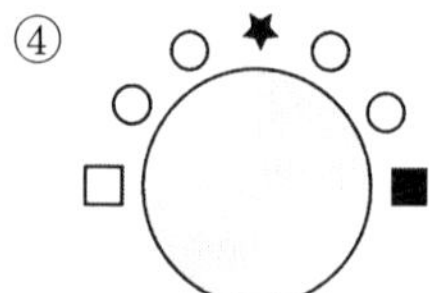

▌16~20 ▌ 아래에 제시된 그림과 같이 쌓기 위해 필요한 블록의 수는?

* 블록은 모양과 크기는 모두 동일한 정육면체임

16

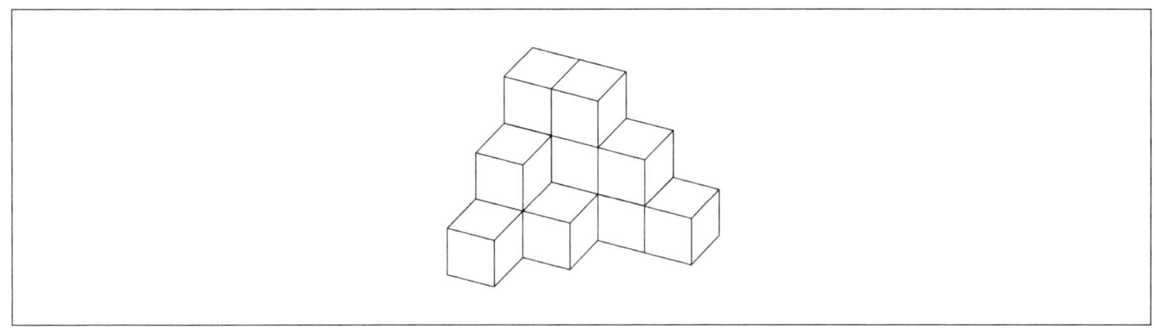

① 13 ② 14

③ 15 ④ 16

✔️해설 바닥면부터 블록의 개수를 세어 보면, 7 + 4 + 2 = 13개이다.

17

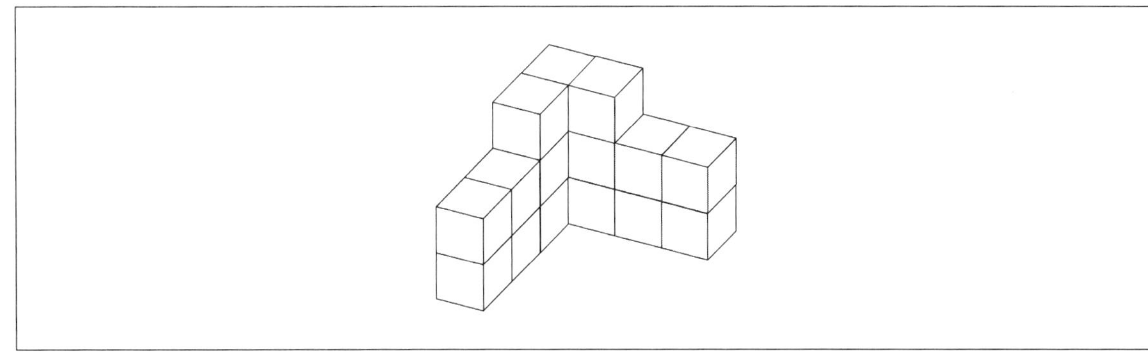

① 16 ② 17

③ 18 ④ 19

✔️해설 바닥면부터 블록의 개수를 세어 보면, 7 + 7 + 3 = 17개이다.

18

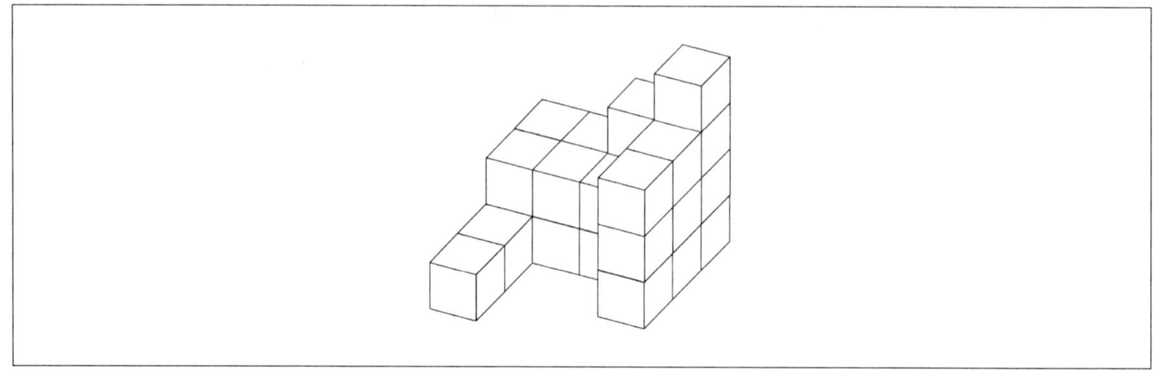

① 23   ② 24

③ 25   ④ 26

✔ **해설** 바닥면부터 블록의 개수를 세어 보면, 11 + 9 + 4 + 1 = 25개이다.

19

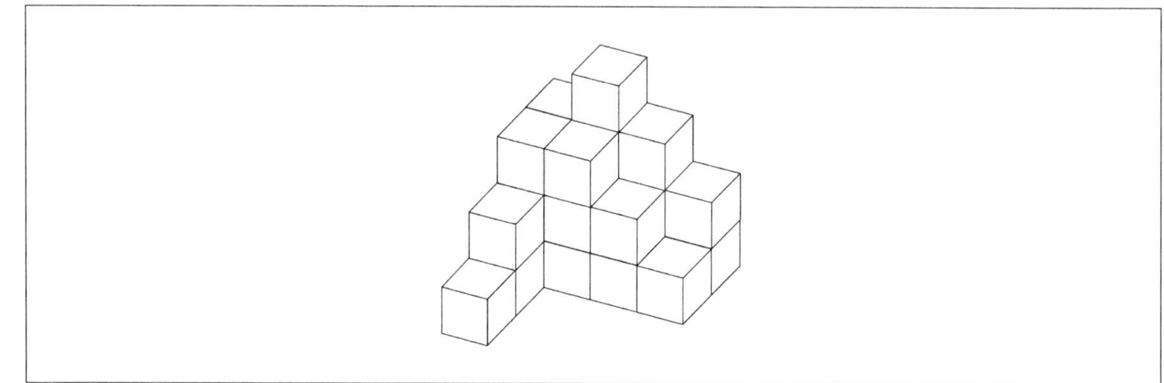

① 18   ② 20

③ 22   ④ 24

✔ **해설** 바닥면부터 블록의 개수를 세어 보면, 10 + 8 + 5 + 1 = 24개이다.

20

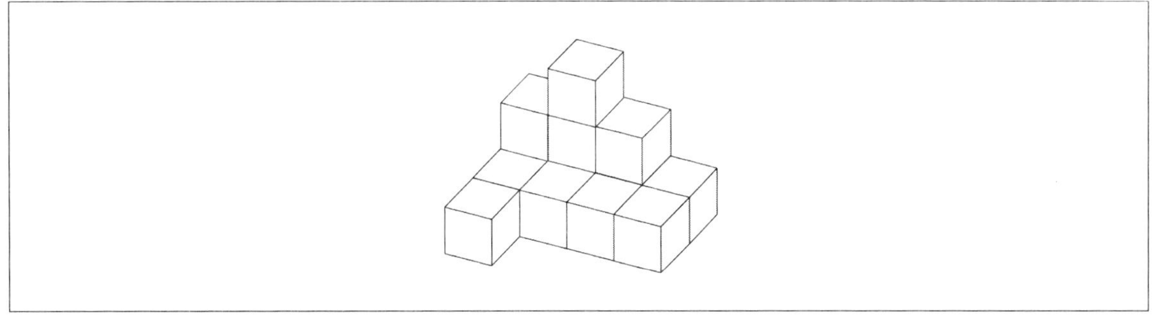

① 13   ② 14

③ 15   ④ 16

✔ 해설 바닥면부터 블록의 개수를 세어 보면, 9 + 3 + 1 = 13개이다.

※ 주의사항

• 블록은 모양과 크기는 모두 동일한 정육면체임.

• 바라보는 시선의 방향은 블록의 면과 수직을 이루며 원근에 의해 블록이 작게 보이는 효과는 고려하지 않음.

21

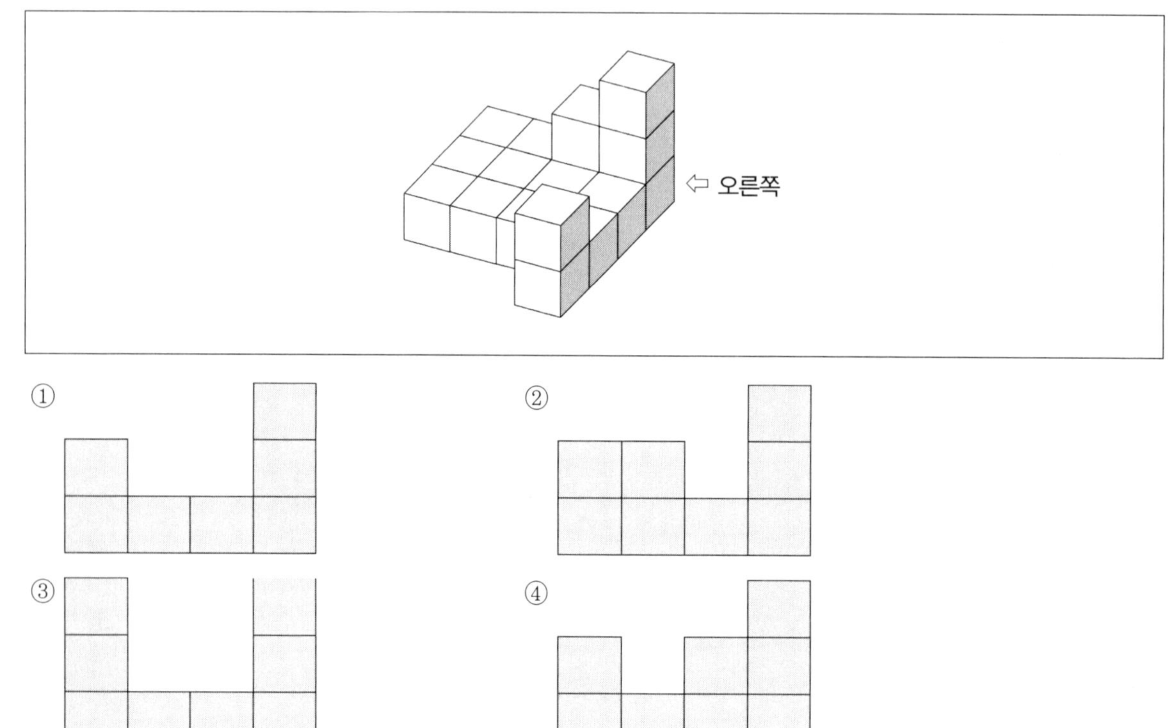

① ② ③ ④

해설 제시된 블록을 화살표 표시한 방향에서 바라보면 ①이 나타난다.

22

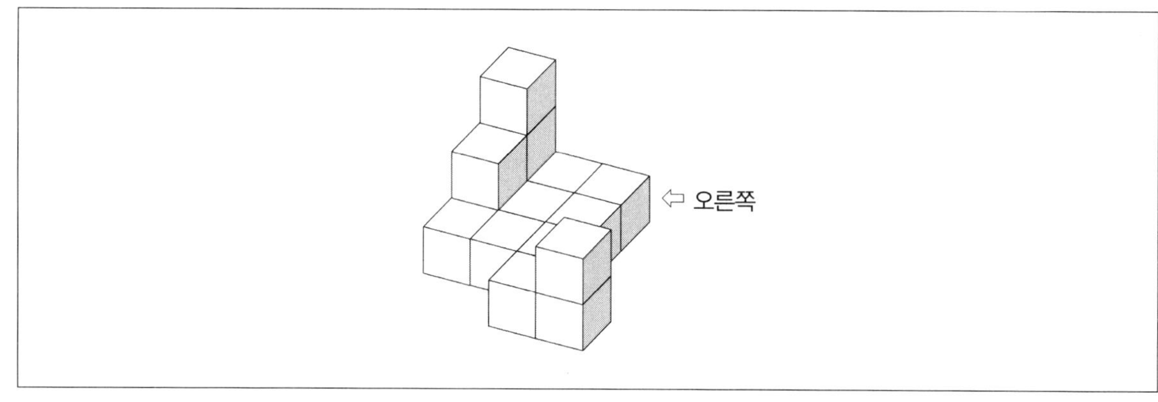

① 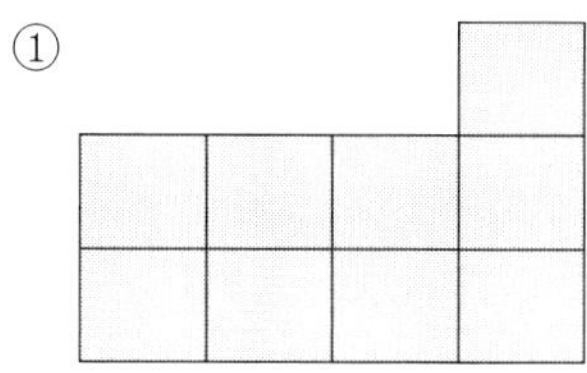

② 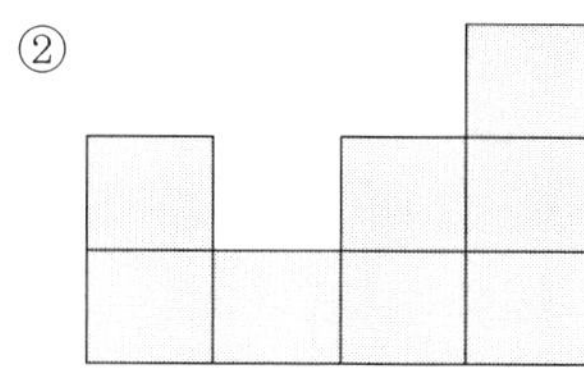

③ 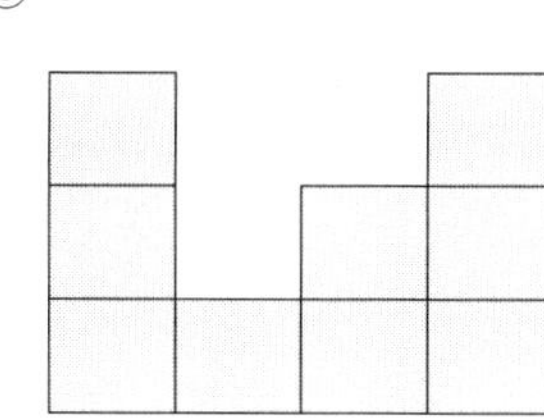

④ 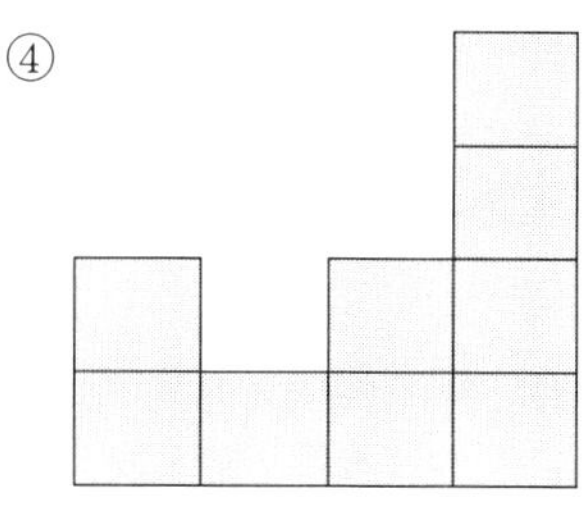

✔해설 제시된 블록을 화살표 표시한 방향에서 바라보면 ②가 나타난다.

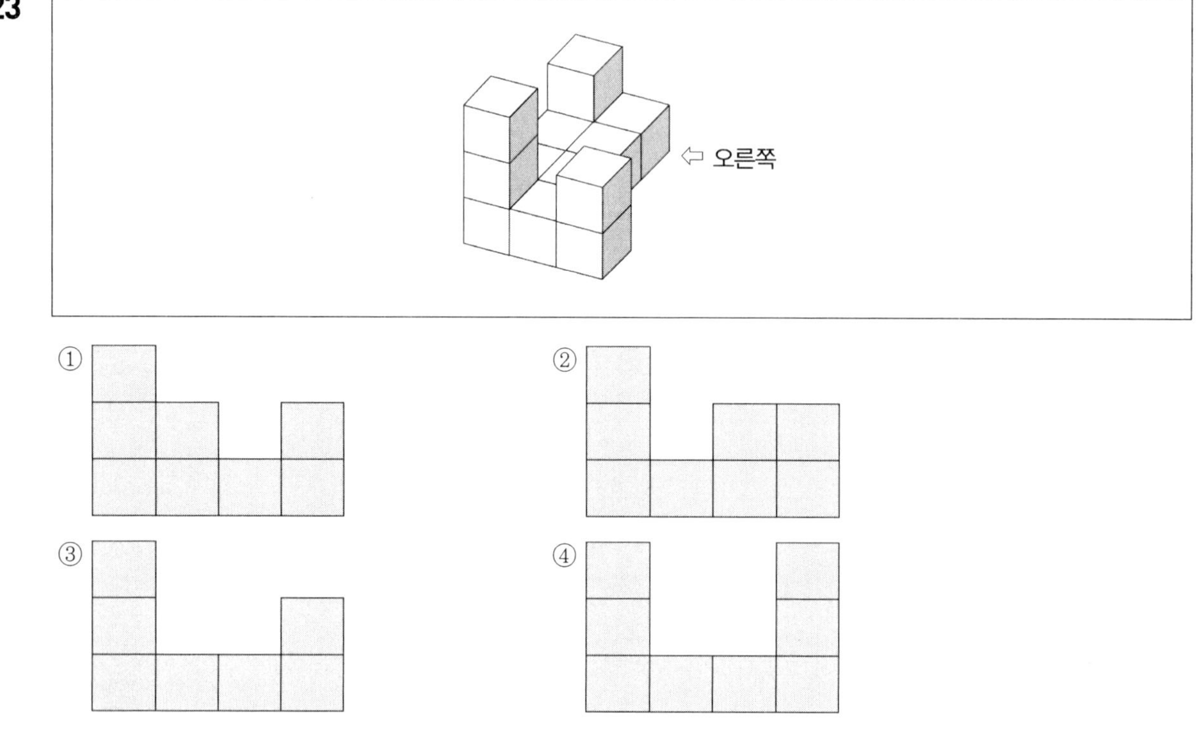

① ② ③ ④

✔해설 제시된 블록을 화살표 표시한 방향에서 바라보면 ③이 나타난다.

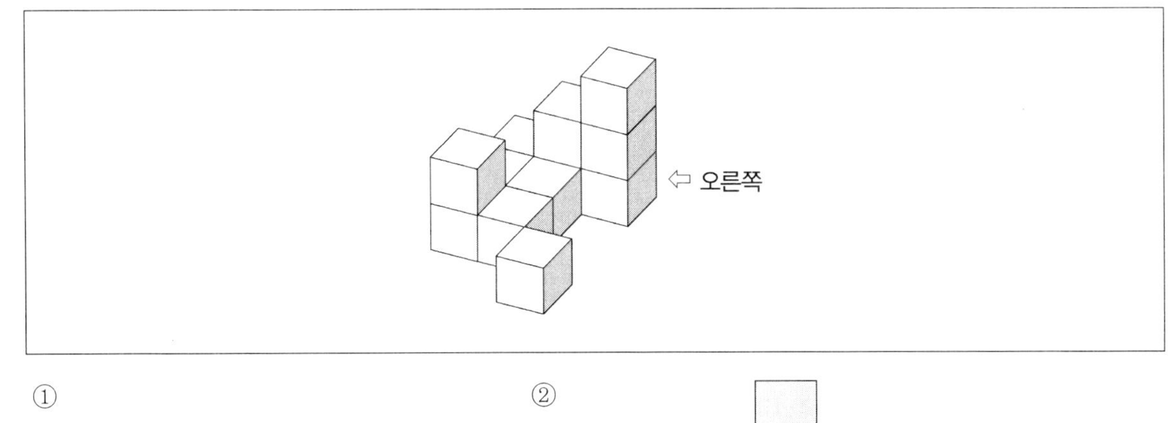

24

① 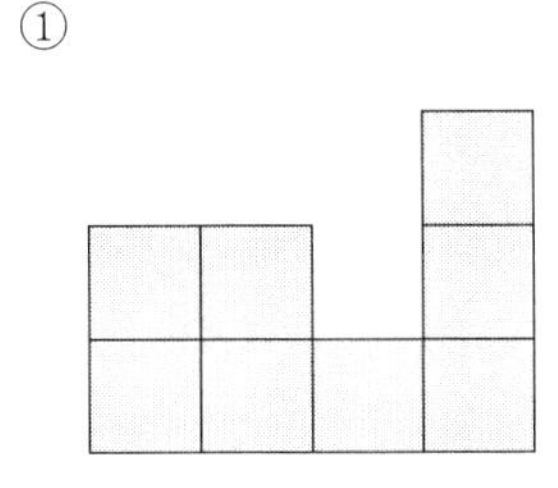

②

③ 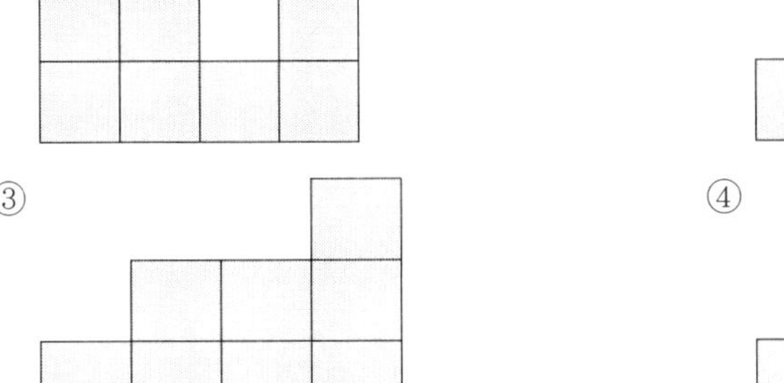

④

해설 제시된 블록을 화살표 표시한 방향에서 바라보면 ④가 나타난다.

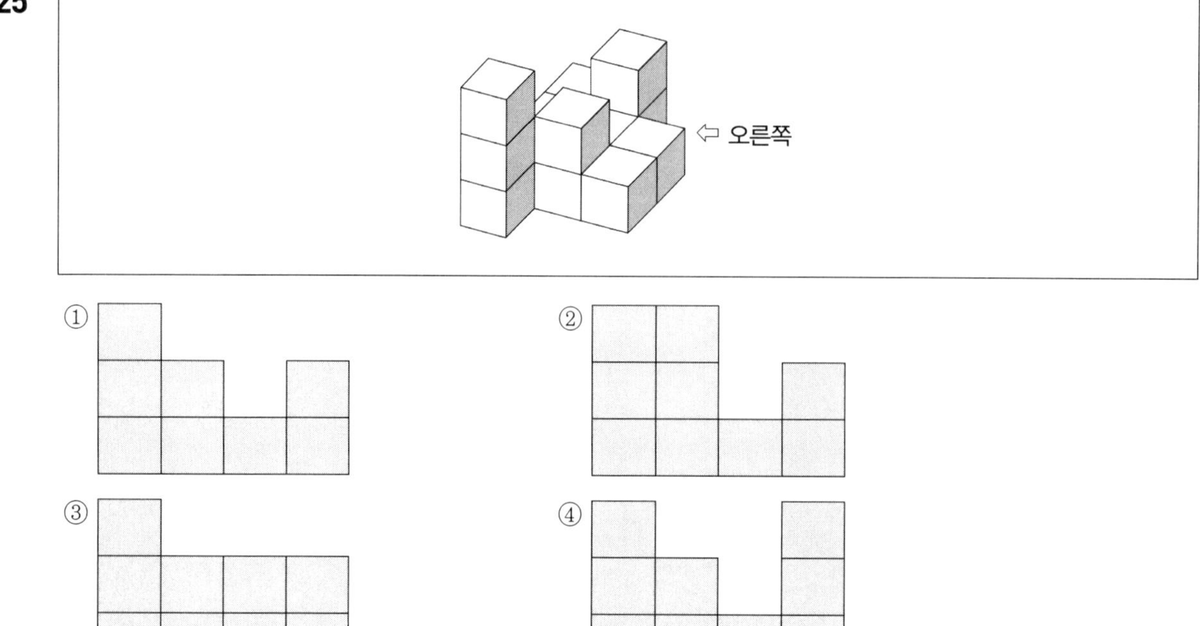

① ② ③ ④

✔해설 제시된 블록을 화살표 표시한 방향에서 바라보면 ①이 나타난다.

❚26~30❚ 다음 제시된 블록에서 바닥에 닿은 면을 제외하고 어디서도 보이지 않는 블록의 개수를 고르시오.

26

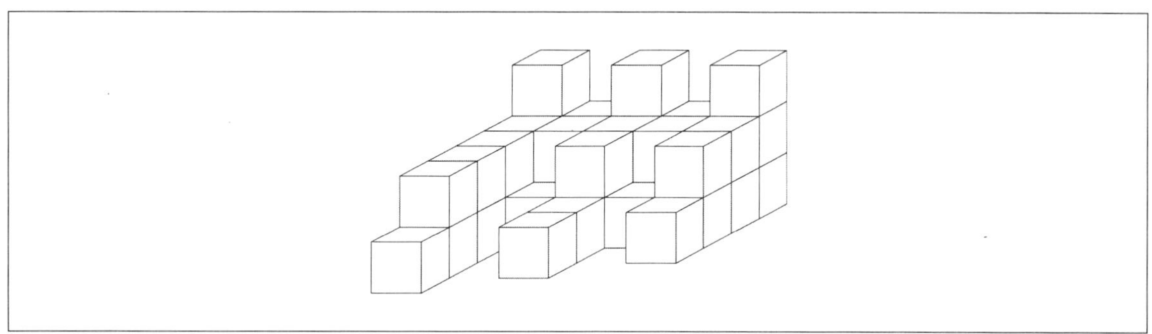

① 3개   ② 4개

③ 5개   ④ 6개

> ✔ **해설** 다음에 표시된 맨 아래층 블록 4개가 어디서도 보이지 않는다.

2	1	1	1	2
1	0	0	0	1
1	2	0	2	1
2		3		4
2		4		
4				

27

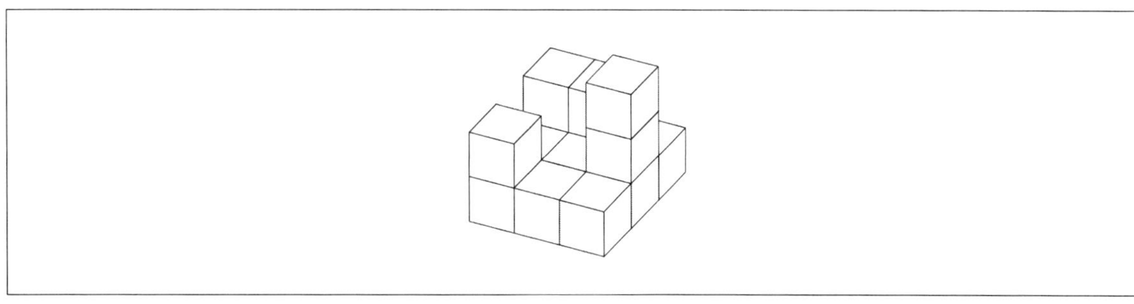

① 0개   ② 1개

③ 2개   ④ 3개

> ✔ **해설** 모든 블록이 1면 이상 외부로 노출되어 있다.

Answer   25.①   26.②   27.①

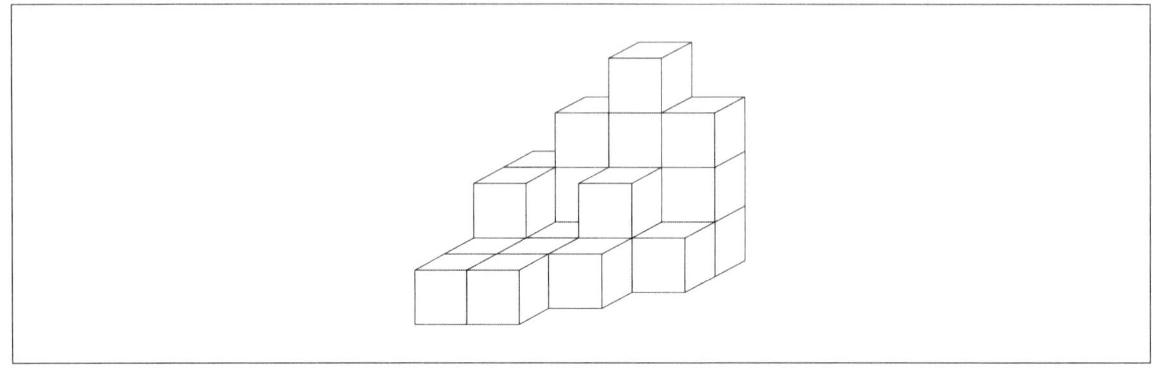

28

① 1개   ② 2개
③ 3개   ④ 4개

✔해설 다음에 표시된 맨 아래층 블록 1개가 어디서도 보이지 않는다.

2	1	1	2
1	1	0	3
2	1	3	
3	3		

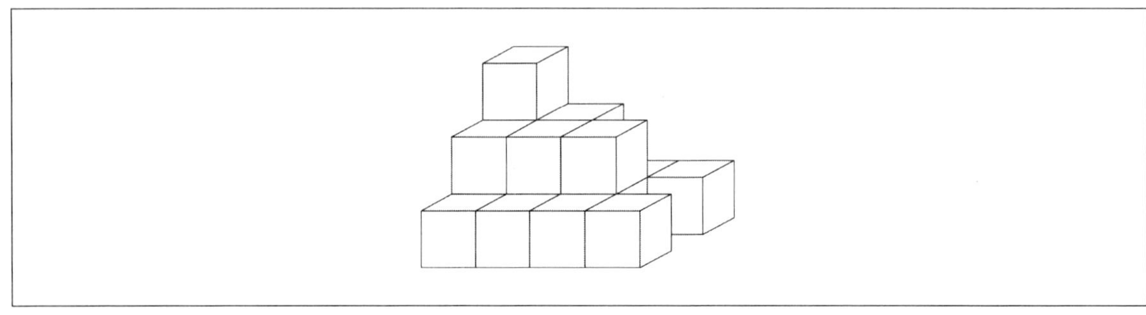

① 0개   ② 1개
③ 2개   ④ 3개

✔해설 다음에 표시된 맨 아래층 블록 1개가 어디서도 보이지 않는다.

2	1	2	4
1	0	1	
3	2	2	4

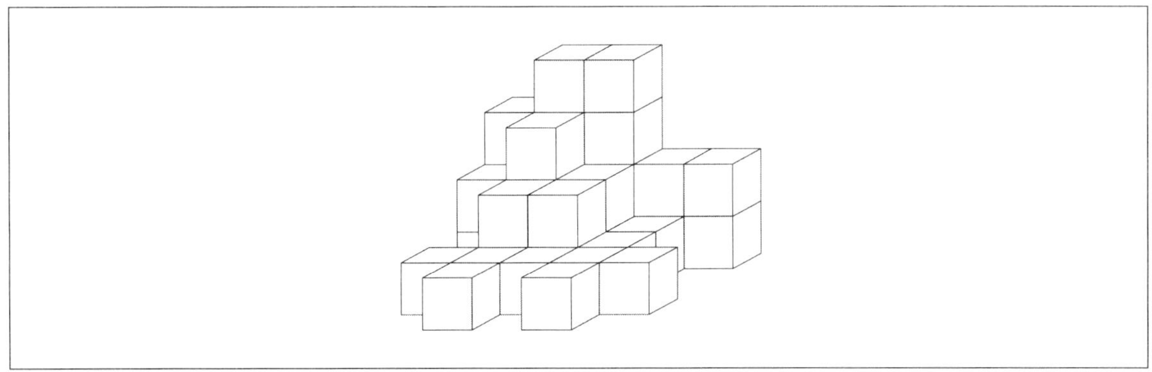

① 3개

② 4개

③ 5개

④ 6개

> ✔**해설** 다음에 표시된 맨 아래층 블록 3개와 2층의 블록 1개가 어디서도 보이지 않는다.

2	1	1	1	3
2	0	0	2	
		1	0	2
4	1	2	1	4
		4		4

2	1	1	3	4
3		0	2	
		3	3	

┃31~35 ┃ 다음 전개도를 접었을 때, 나타나는 입체도형의 모양으로 알맞은 것을 고르시오.

31

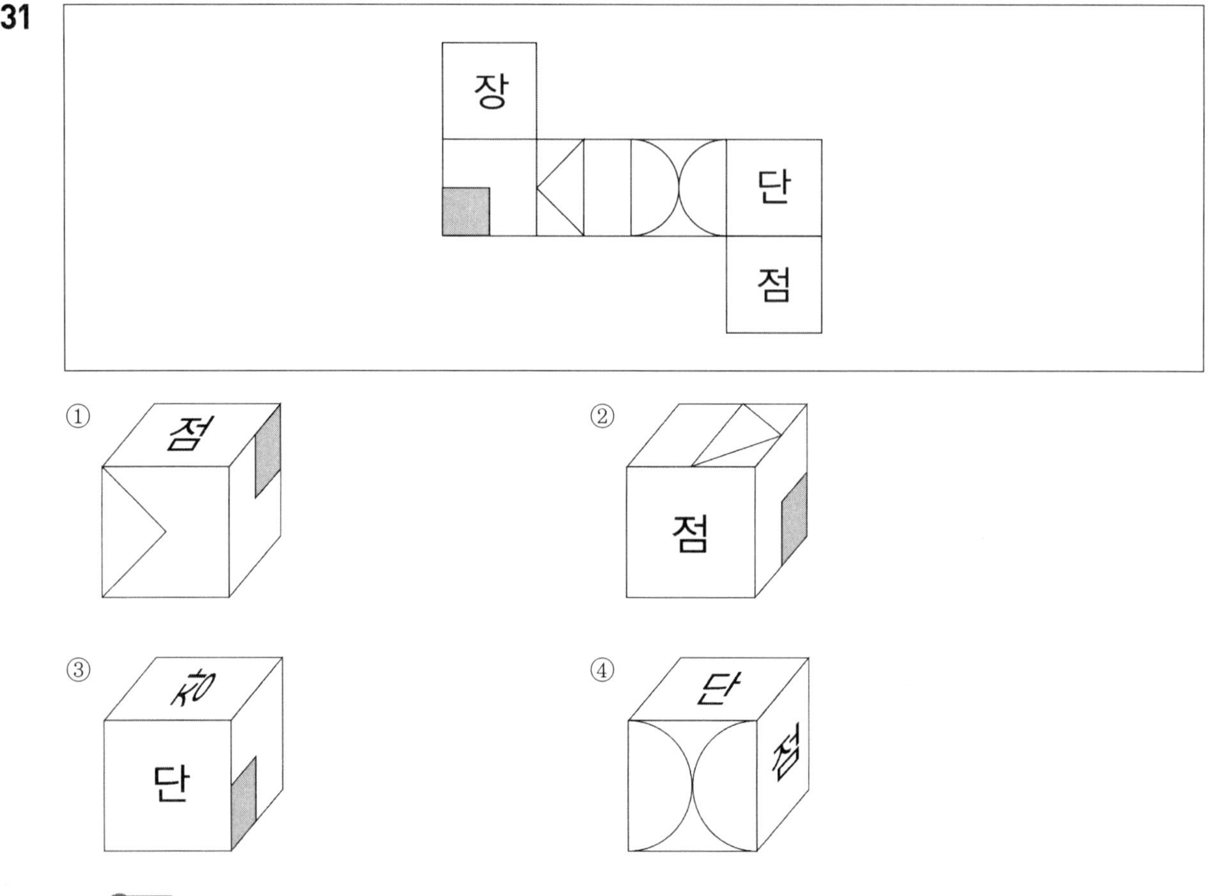

① 점

② 점

③ 장 / 단

④ 단 / 점

✔**해설** 제시된 전개도를 접으면 ③이 나타난다.

32

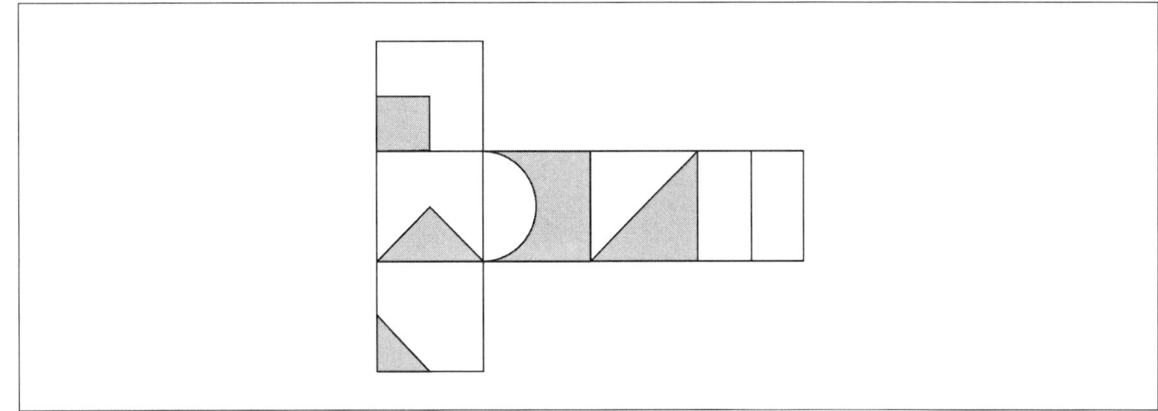

① 

② 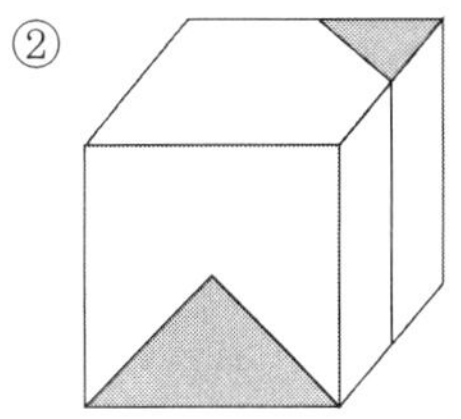

③ 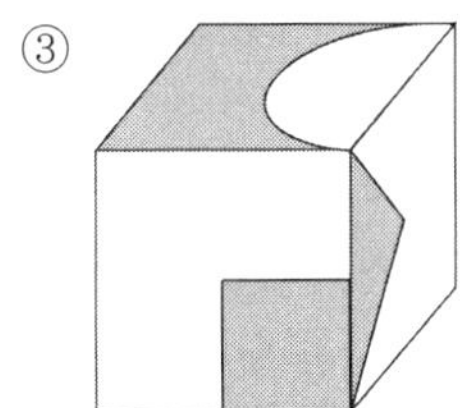

④ 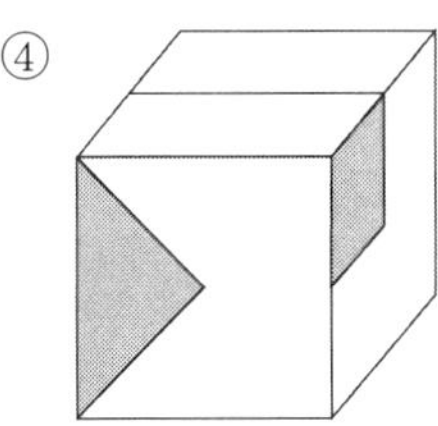

✔**해설** 제시된 전개도를 접으면 ④가 나타난다.

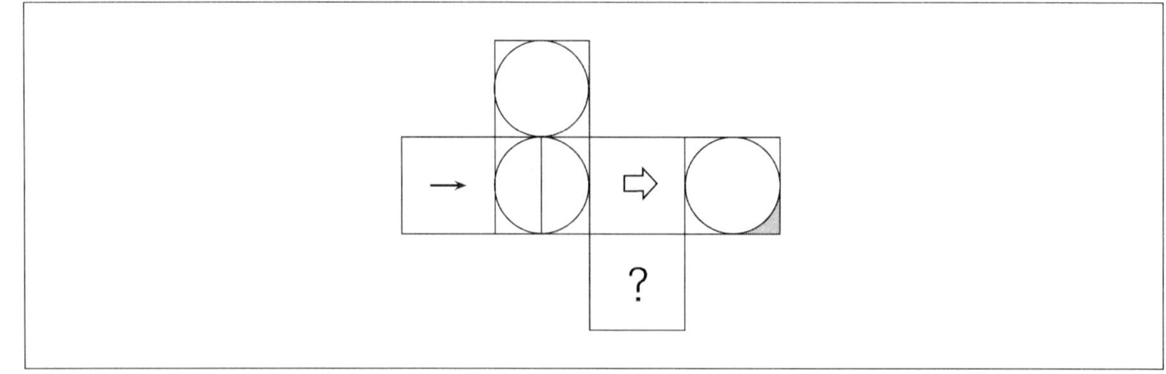

① 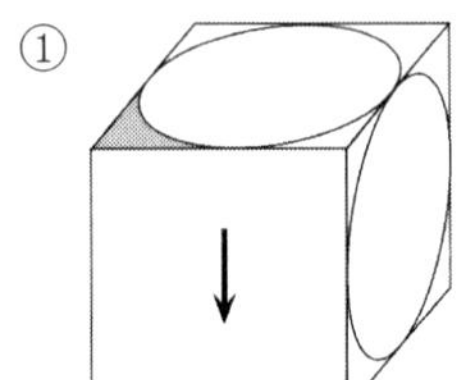

② 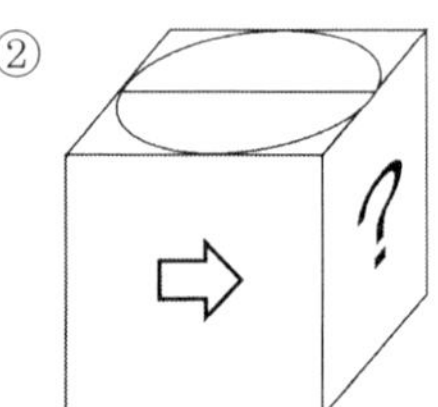

③ 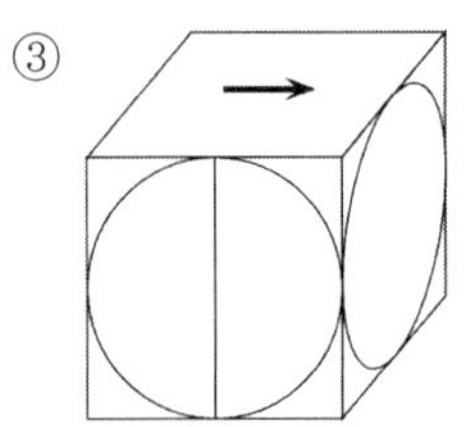

④ 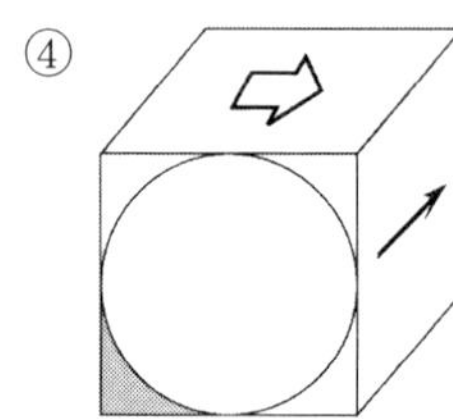

✔해설 제시된 전개도를 접으면 ①이 나타난다.

34

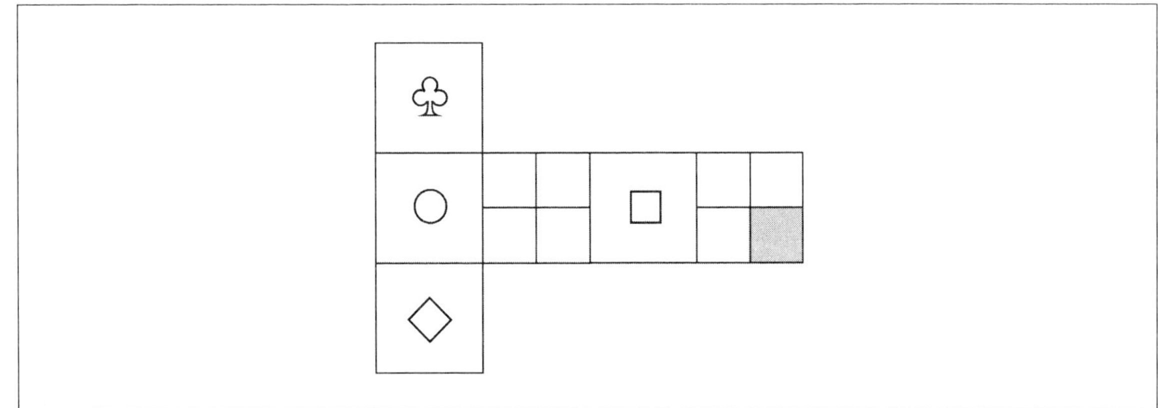

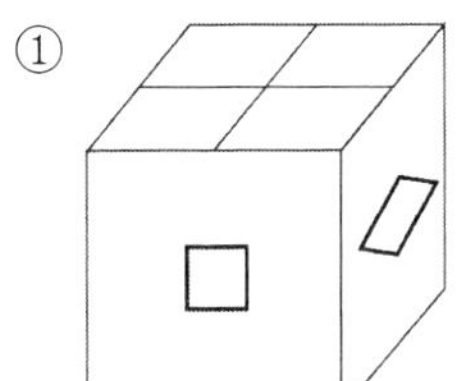

① 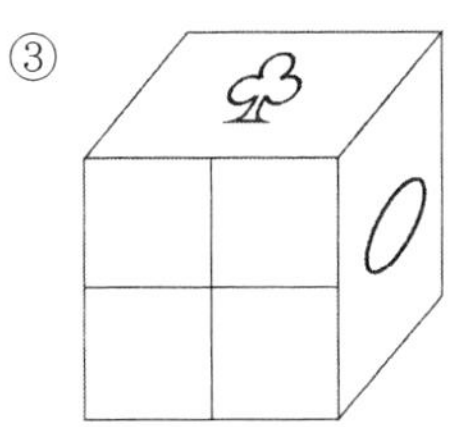

② 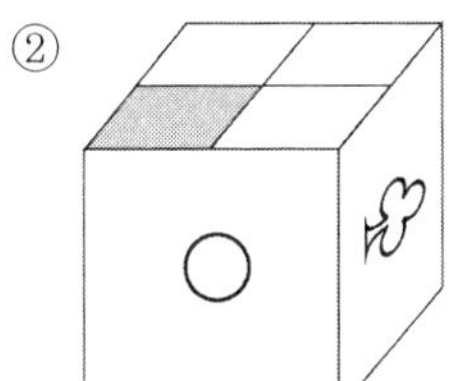

③ 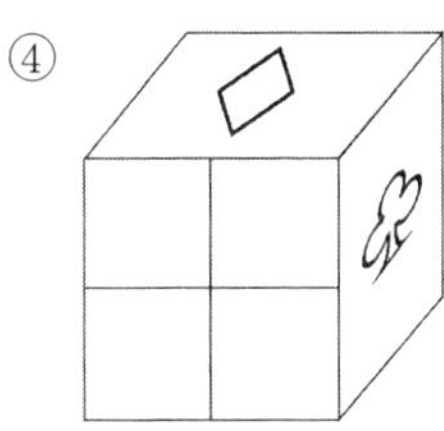

④

35

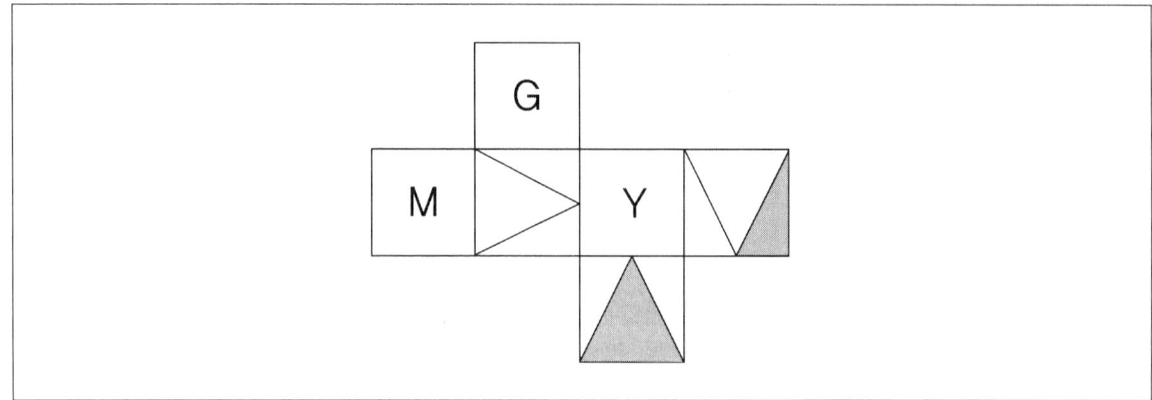

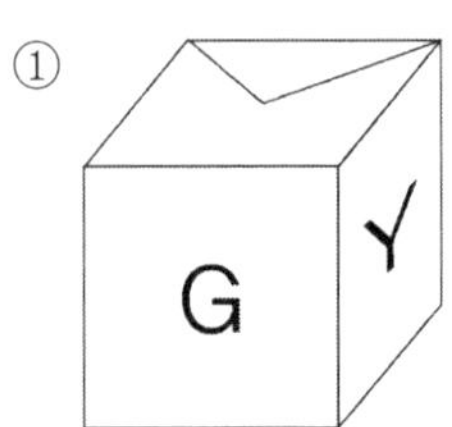

①

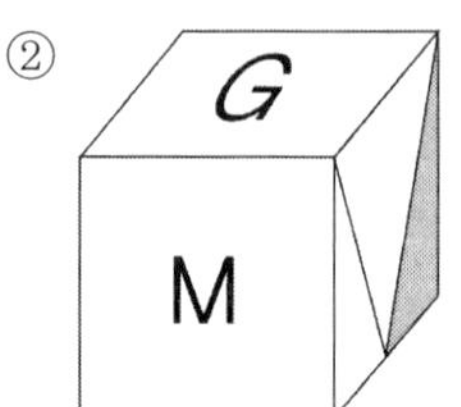

②

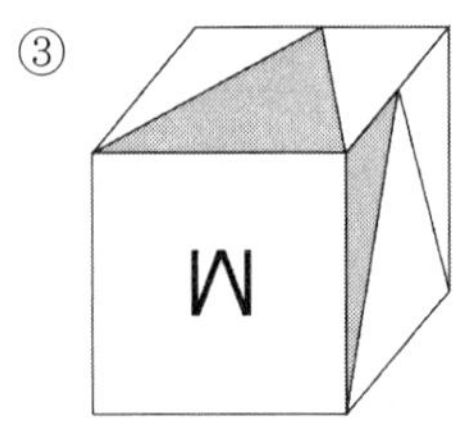

③

④

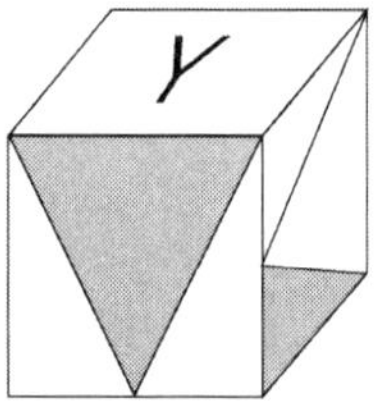

해설 제시된 전개도를 접으면 ③이 나타난다.

36

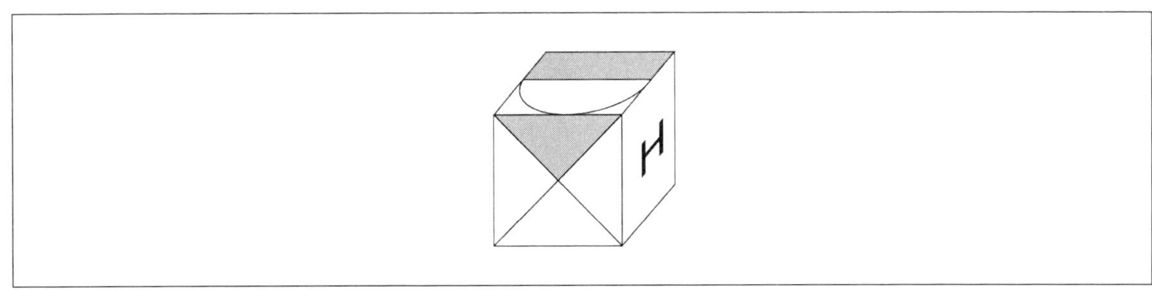

① 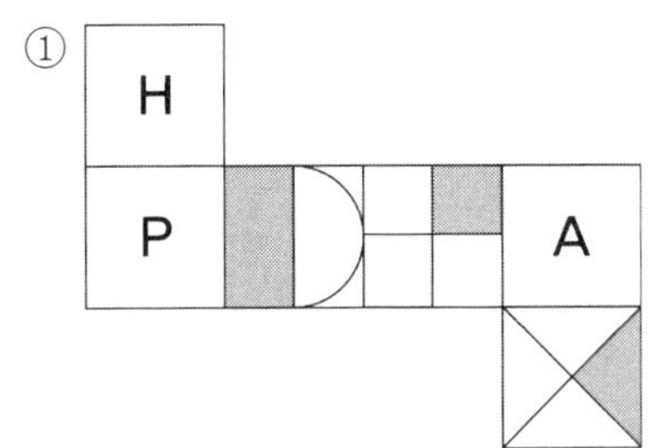

② 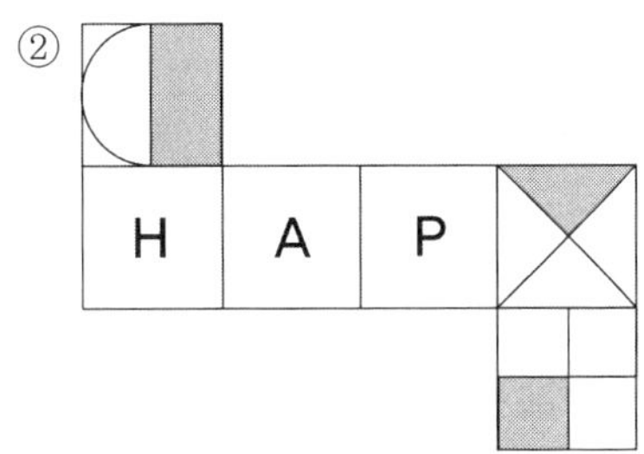

③ 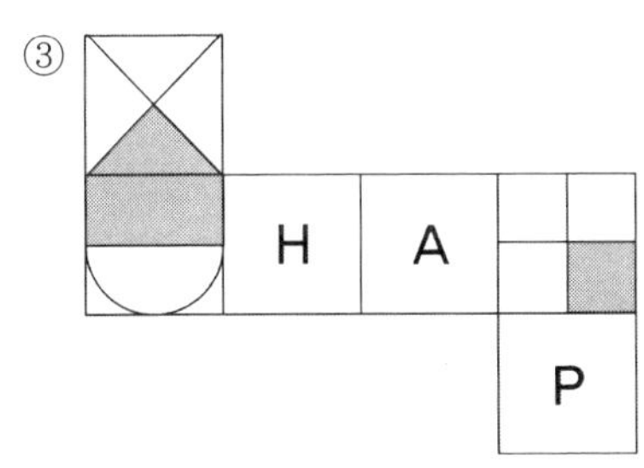

④ 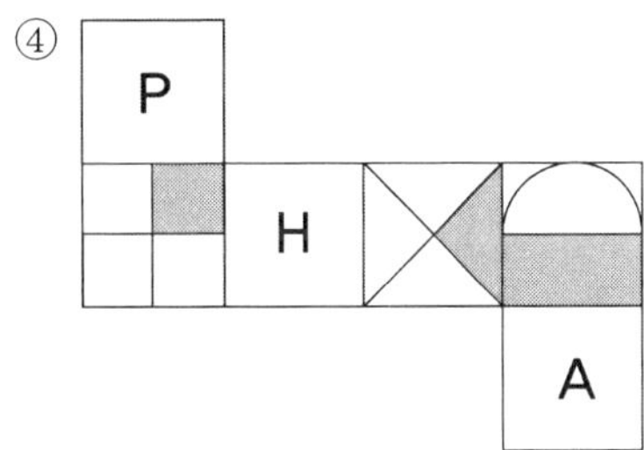

✔**해설** 제시된 도형을 전개하면 ②가 나타난다.

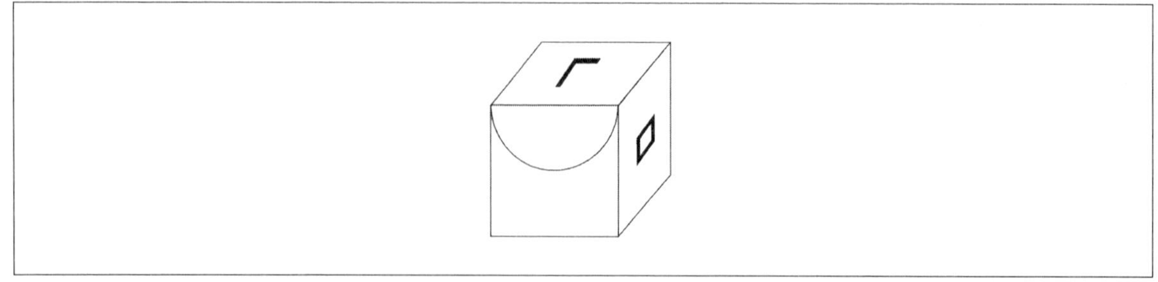

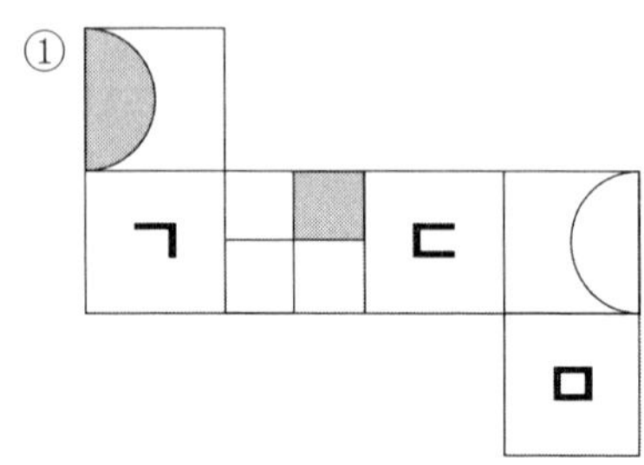

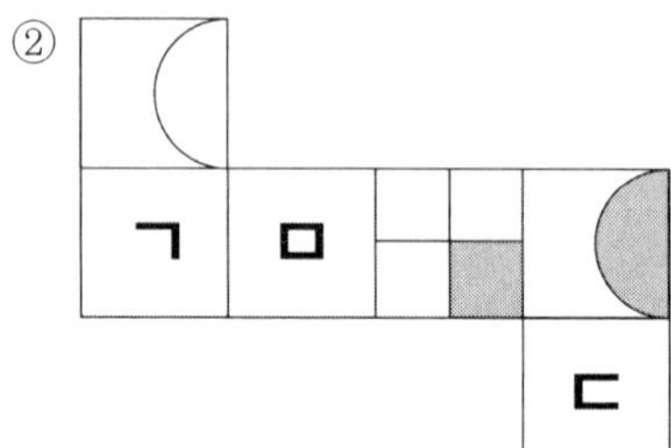

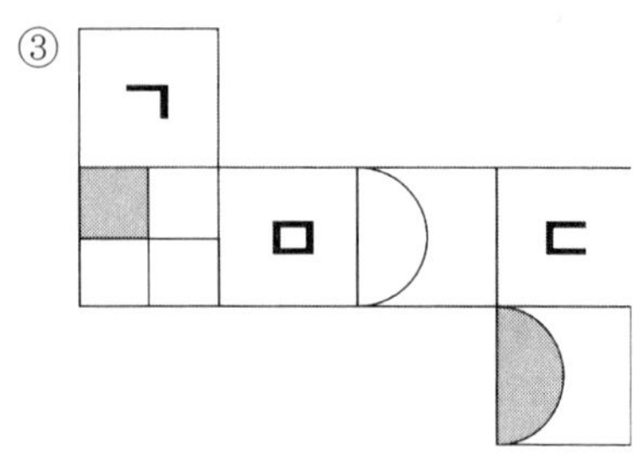

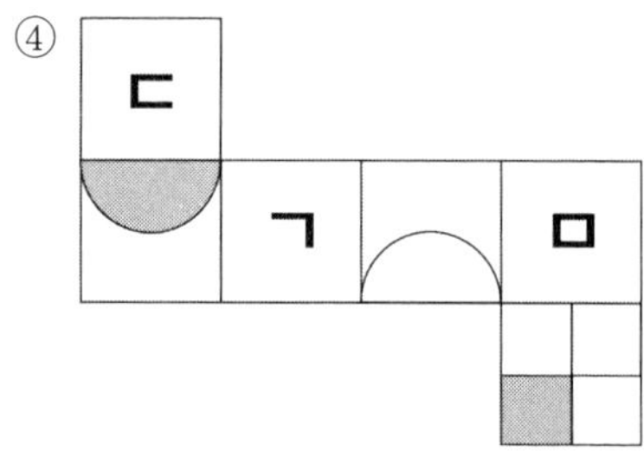

✔ 해설 제시된 도형을 전개하면 ①이 나타난다.

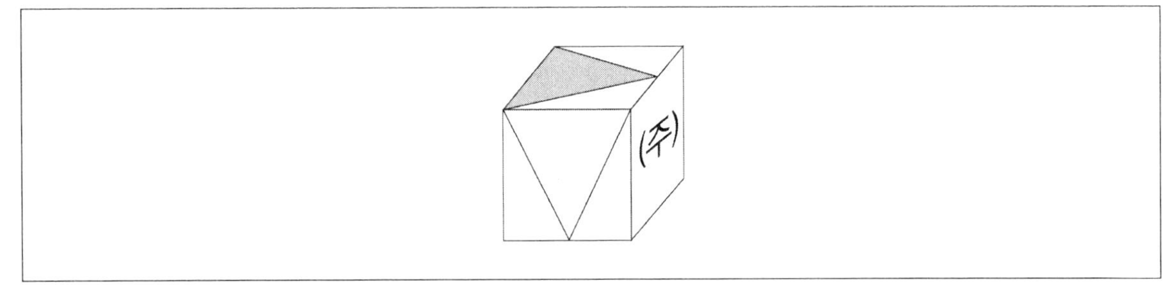

38

① 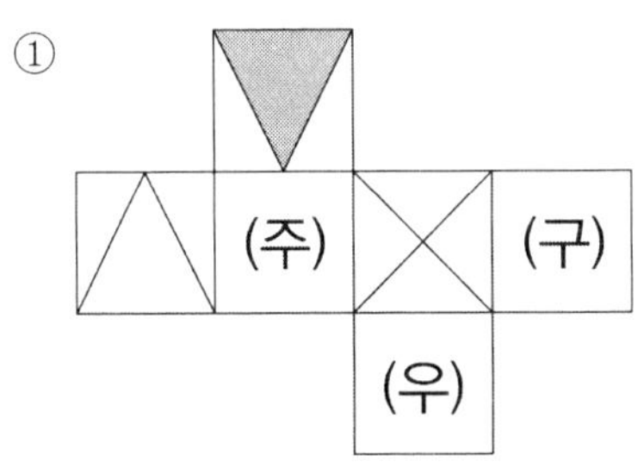

② 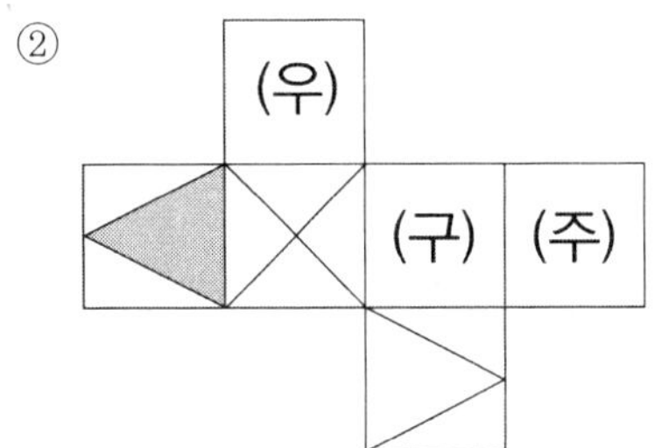

③ 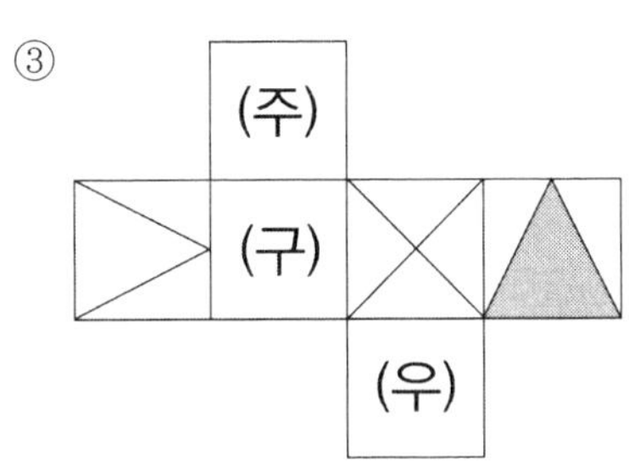

④ 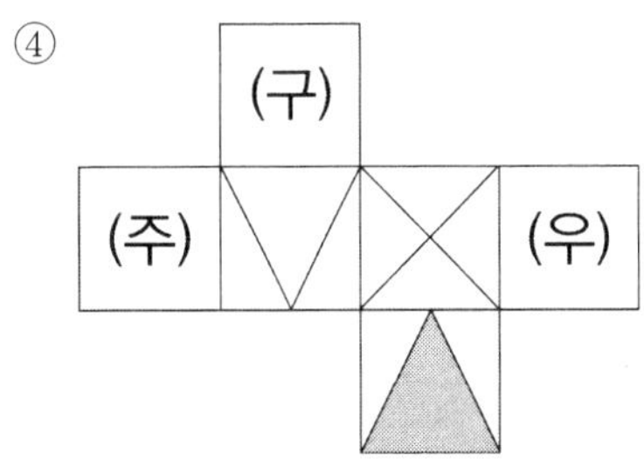

✔ 해설 제시된 도형을 전개하면 ③이 나타난다.

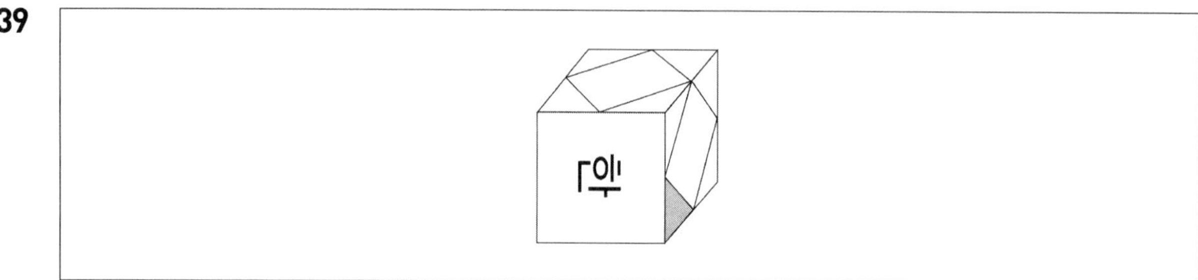

① 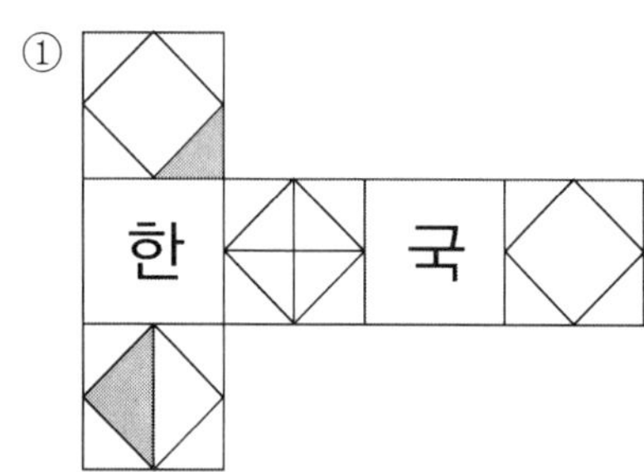

② 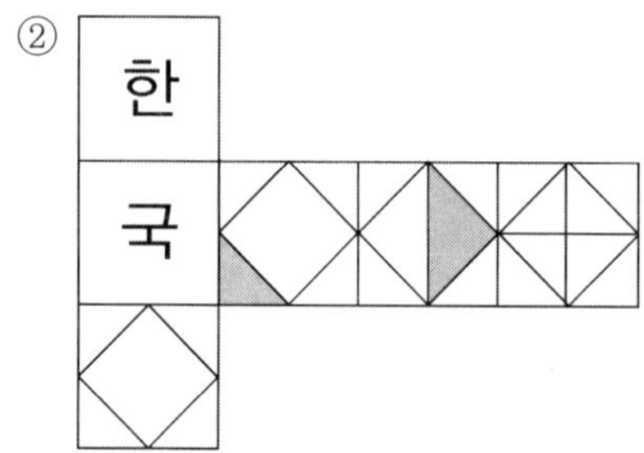

③ 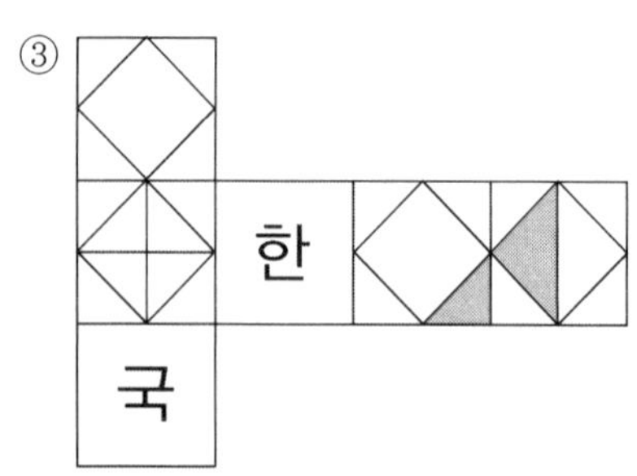

④ 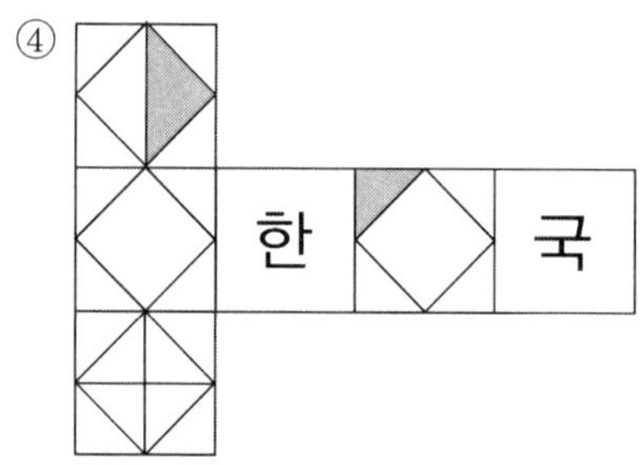

✔해설 제시된 도형을 전개하면 ①이 나타난다.

40

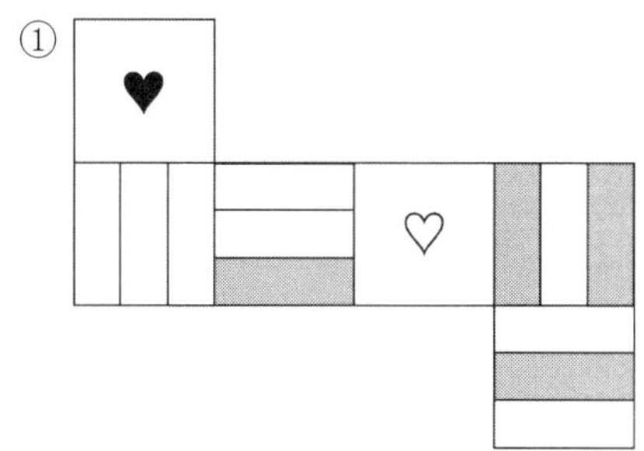

①

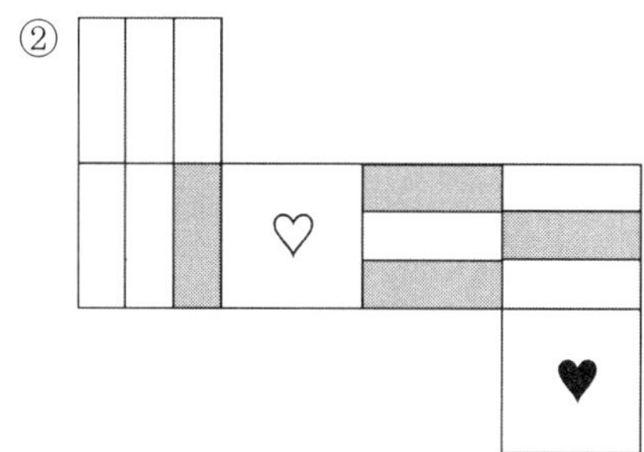

②

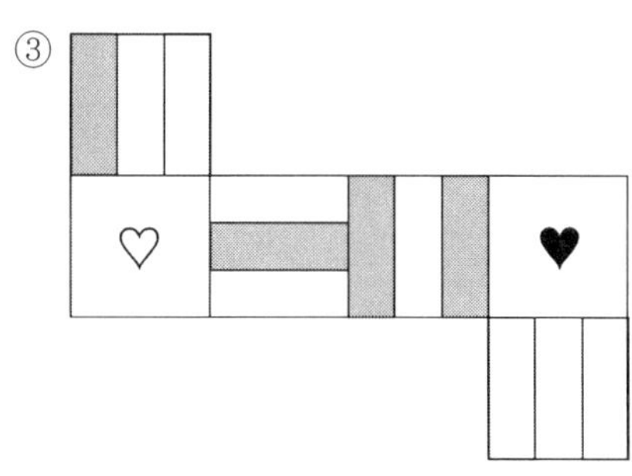

③

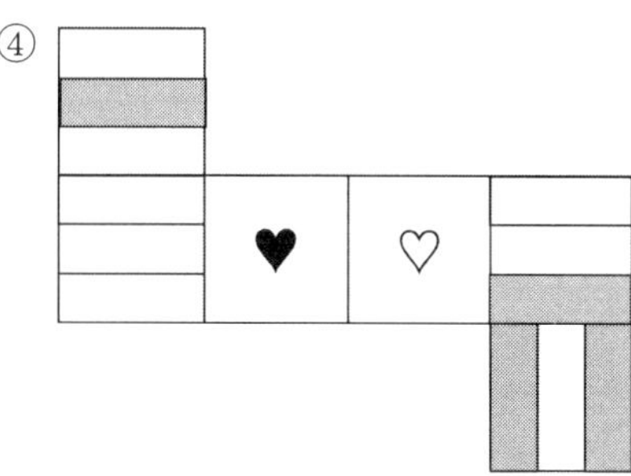

④

✔**해설** 제시된 도형을 전개하면 ③이 나타난다.

❙41~45❙ 다음 제시된 그림을 화살표 방향으로 접은 후 구멍을 뚫은 다음 다시 펼쳤을 때의 그림을 고르시오.

41

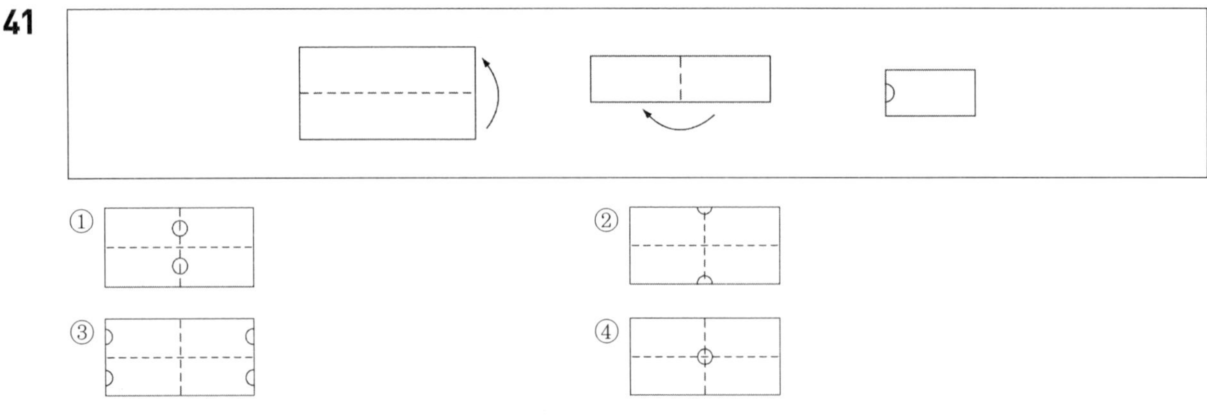

42

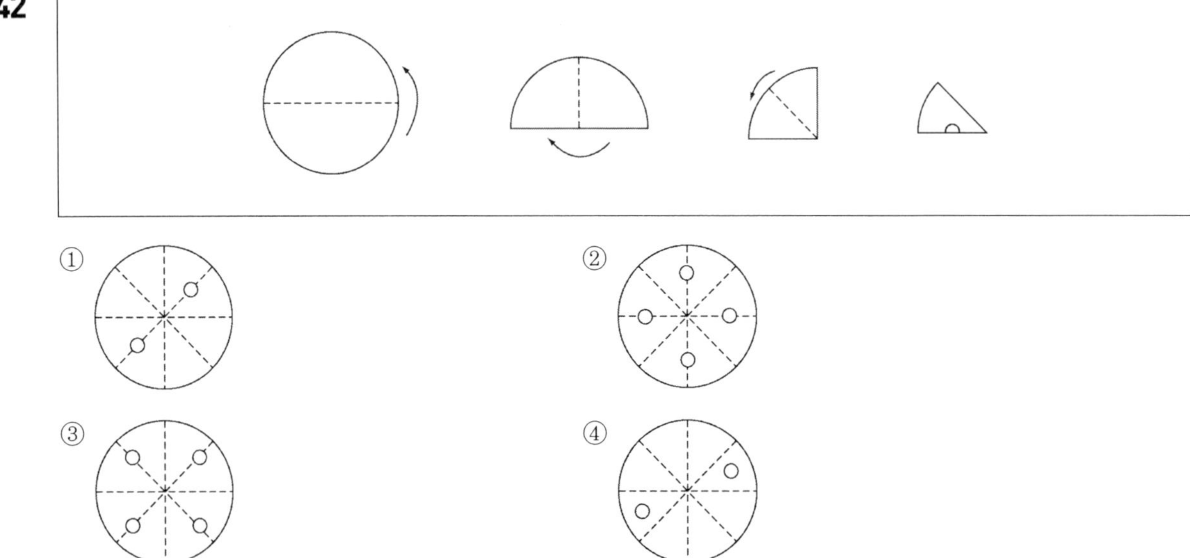

43

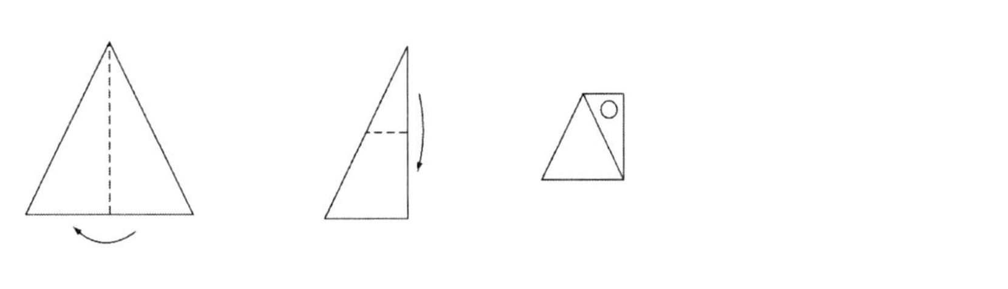

① 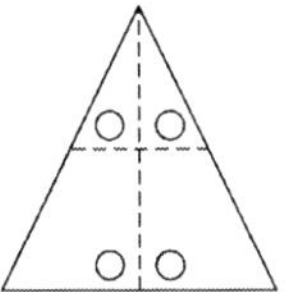

② 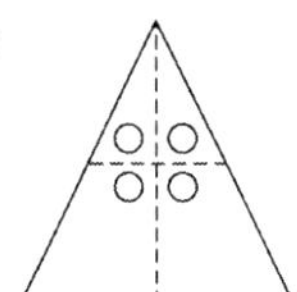

③ 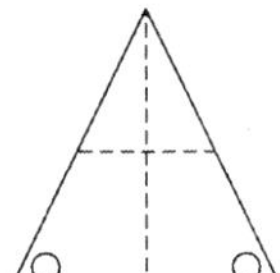

④ 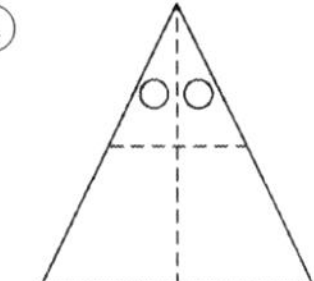

44

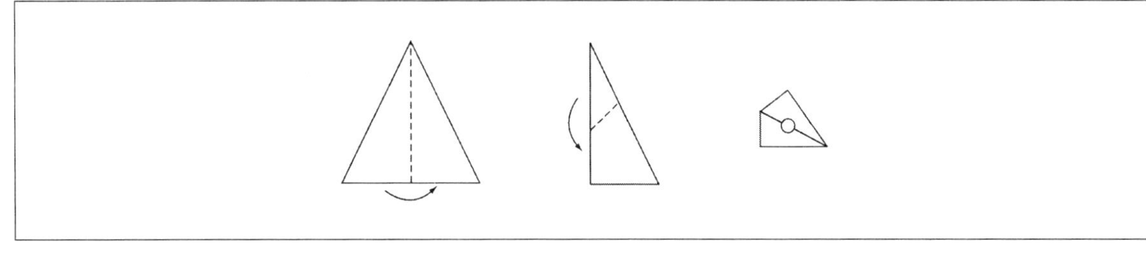

① 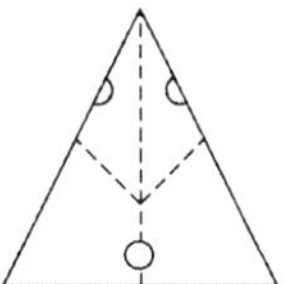

② 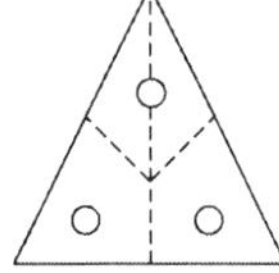

③ 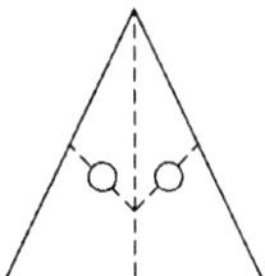

④ 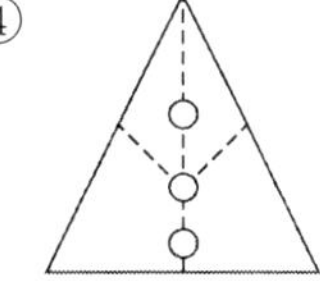

45

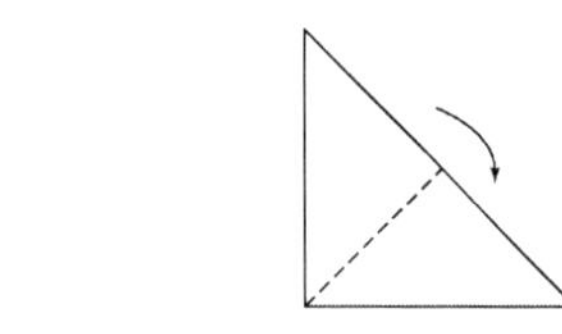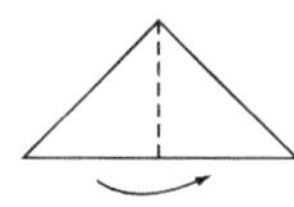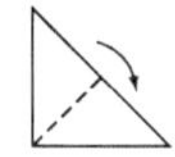

① 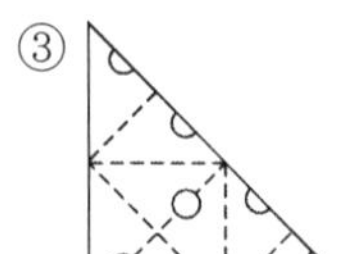　　　② 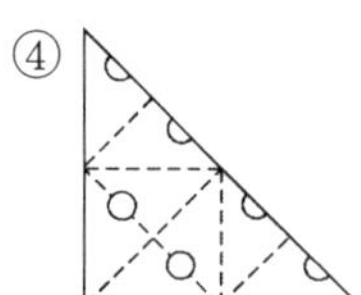

③ 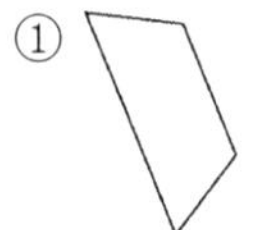　　　④ 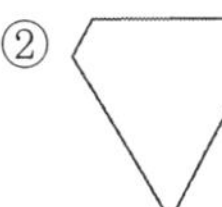

46

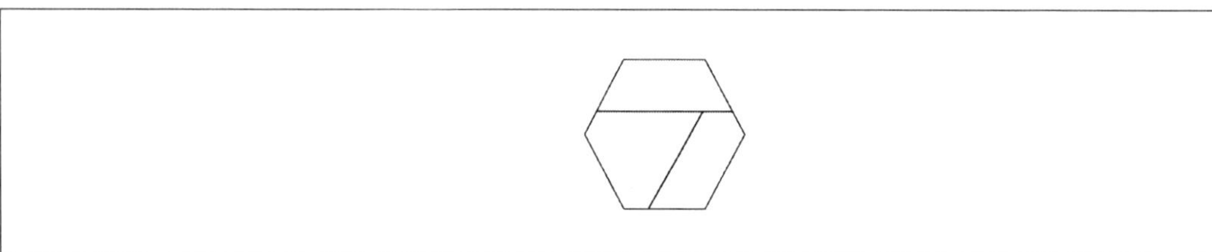

① 　　　②

③ 　　　④ 

47

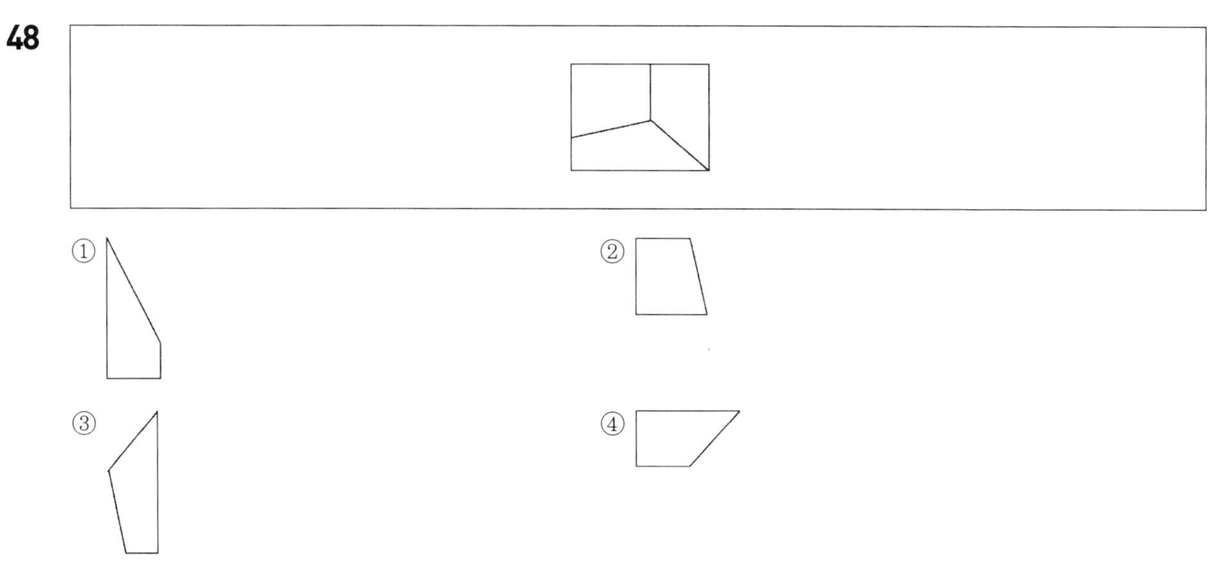

48

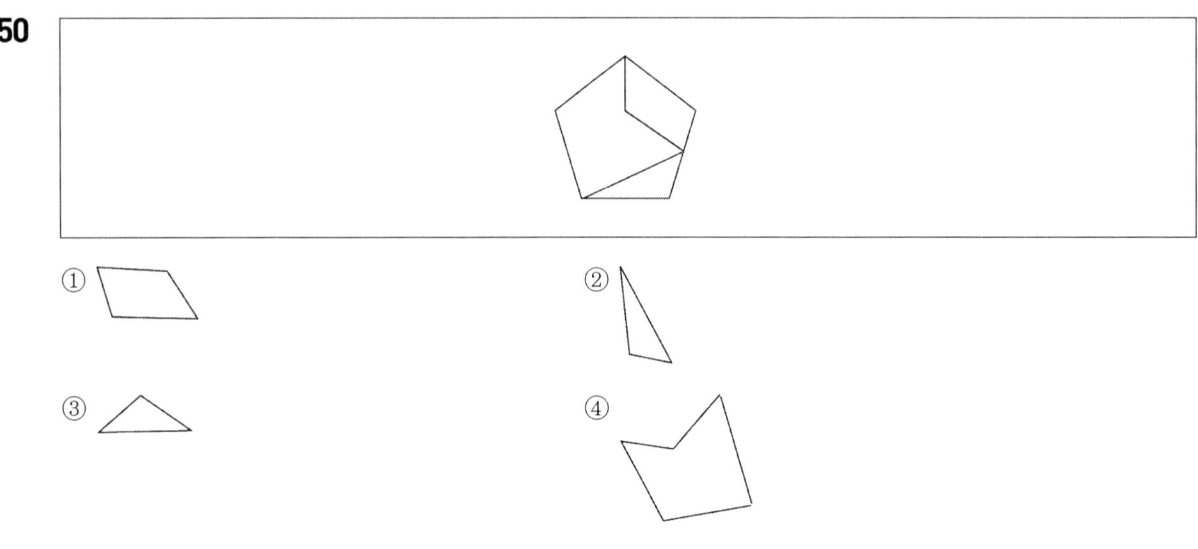

49

① ② ③ ④

50

① ② ③ ④

┃51~55┃ 다음 제시된 도형을 축을 중심으로 회전시켰을 때 나타나는 회전체의 모양으로 옳은 것을 고르시오.

51

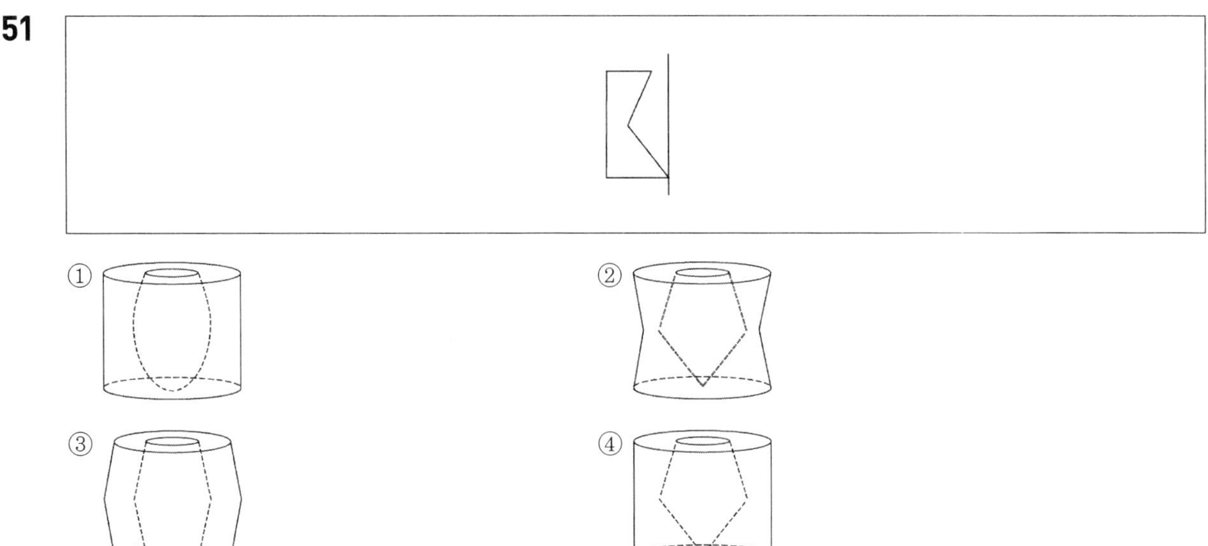

① ② ③ ④

52

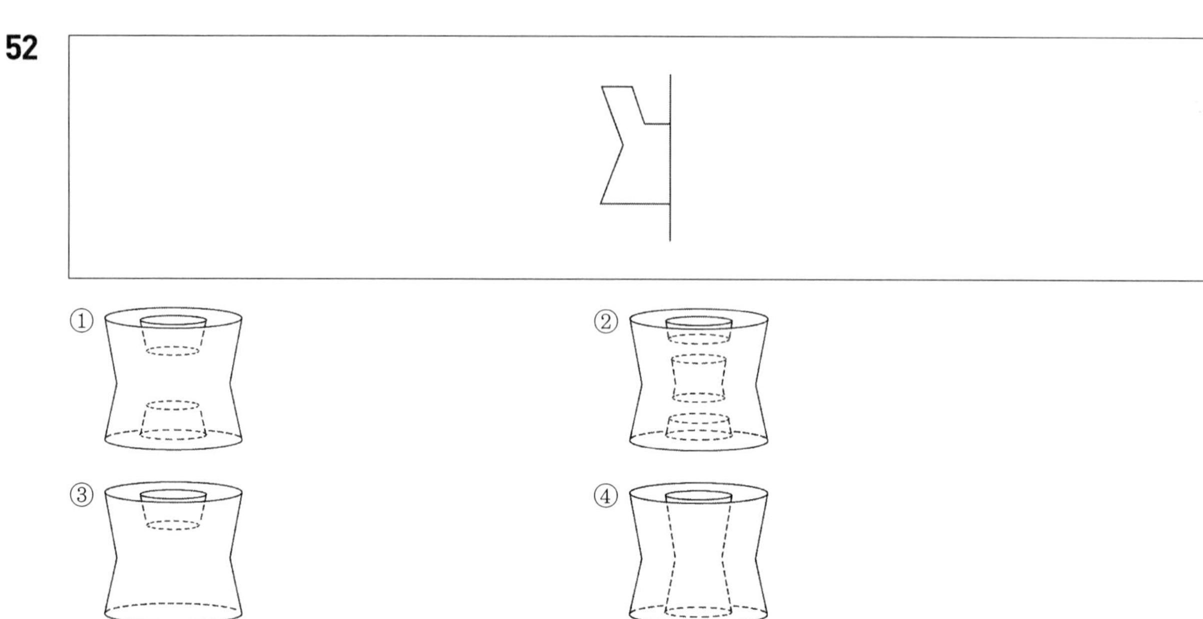

53

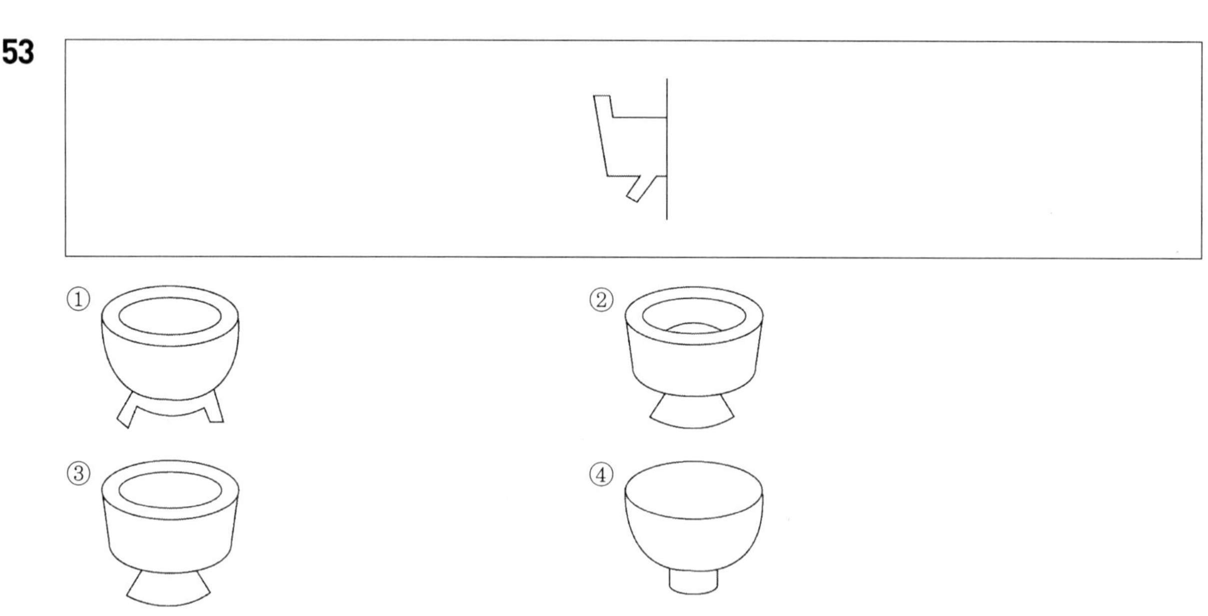

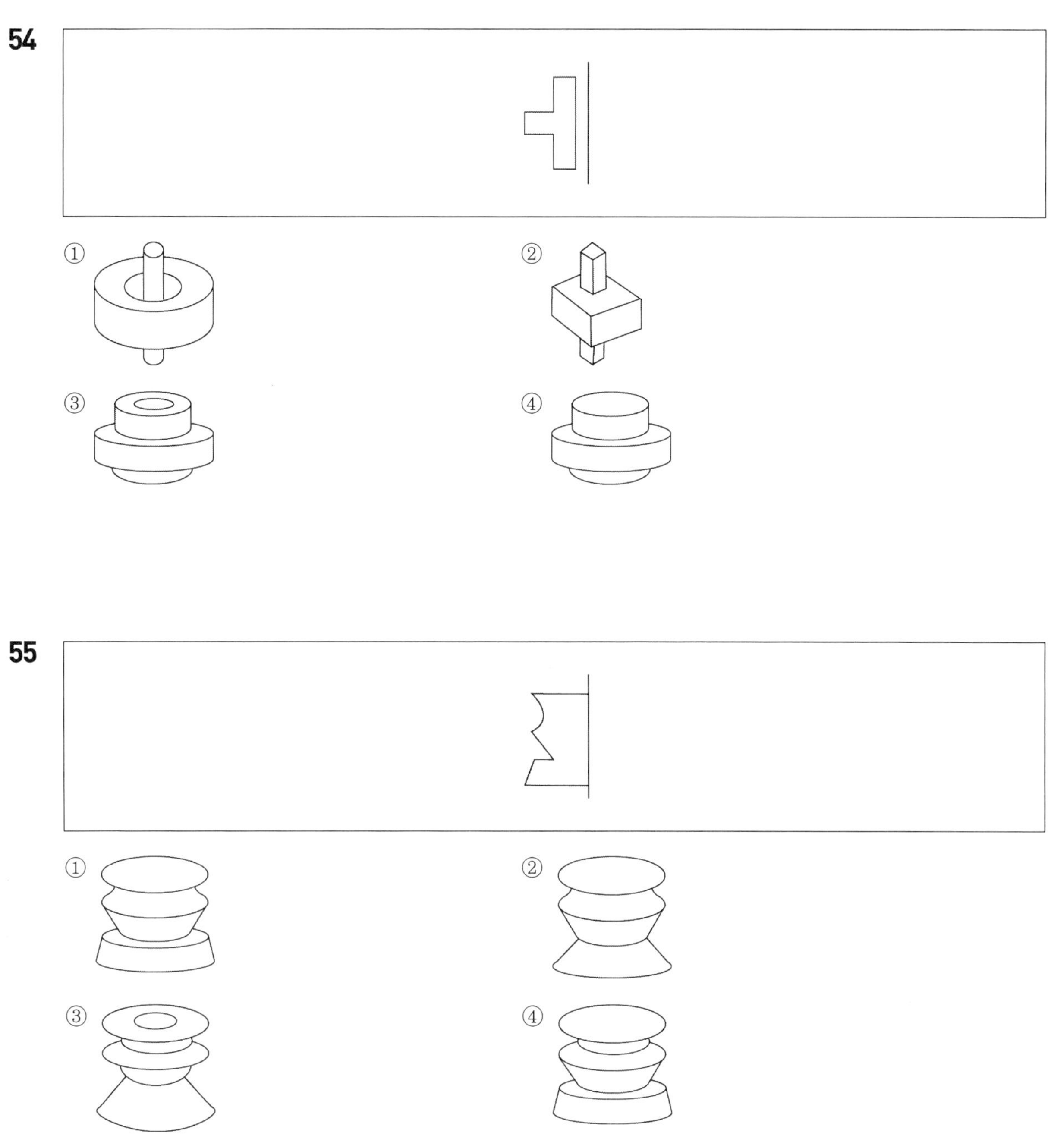

56

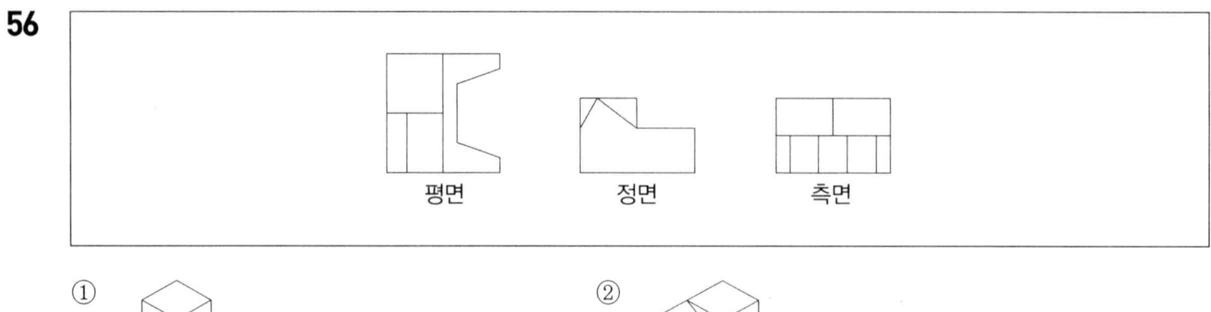

① 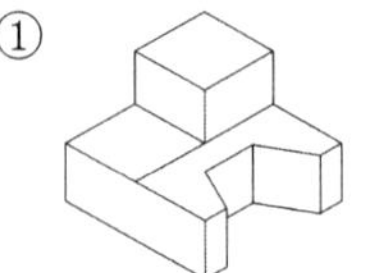

② 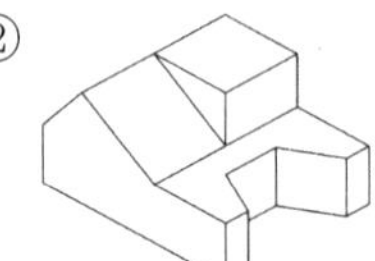

③ 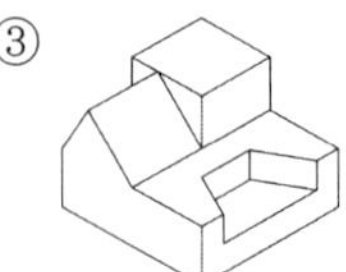

④ 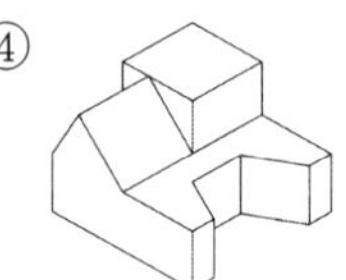

✔해설 ① 평면, 정면, 측면 모두 제시된 모양과 다르다.
② 평면, 정면의 모양이 제시된 모양과 다르다.
③ 평면, 측면의 모양이 제시된 모양과 다르다.

57

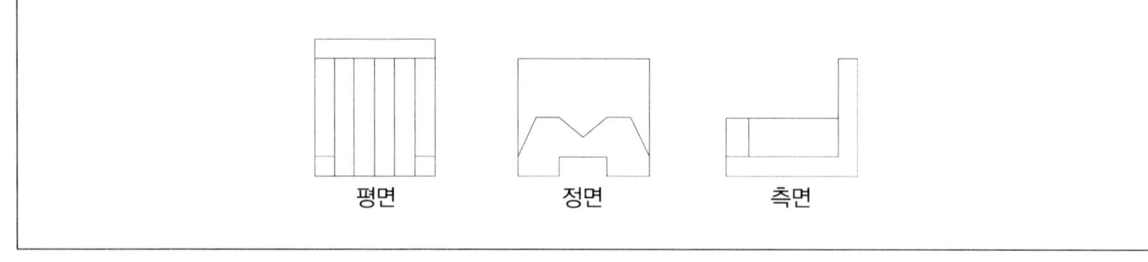

① 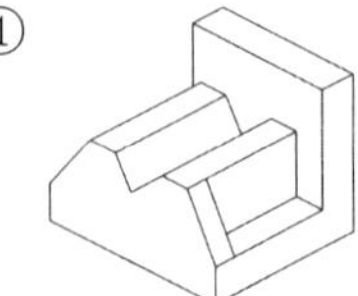

② 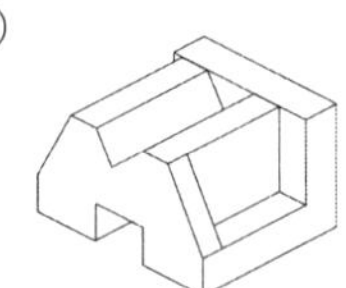

③ 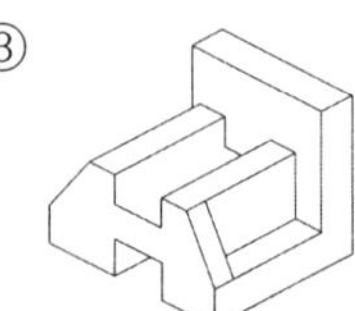

④ 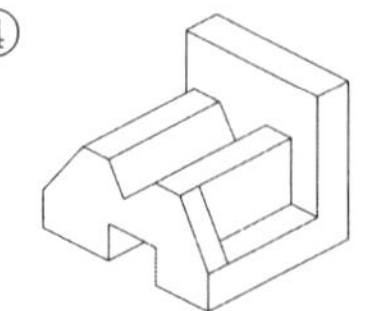

✔ 해설 ① 정면의 모양이 제시된 모양과 다르다.
② 정면, 측면의 모양이 제시된 모양과 다르다.
③ 평면, 정면의 모양이 제시된 모양과 다르다.

58

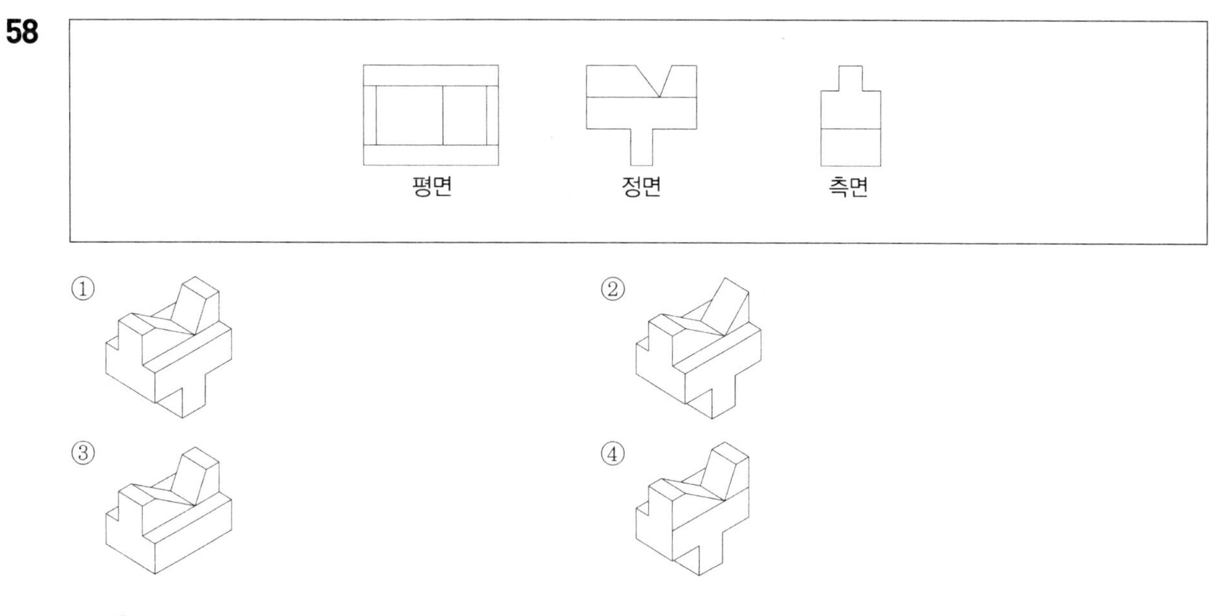

✔ 해설 ② 평면과 정면의 모양이 제시된 모양과 다르다.
③ 정면과 측면의 모양이 제시된 모양과 다르다.
④ 평면과 측면의 모양이 제시된 모양과 다르다.

┃59~60 ┃ 다음 전개도를 접었을 때 두 점 사이의 거리가 가장 먼 것을 고르시오.

59

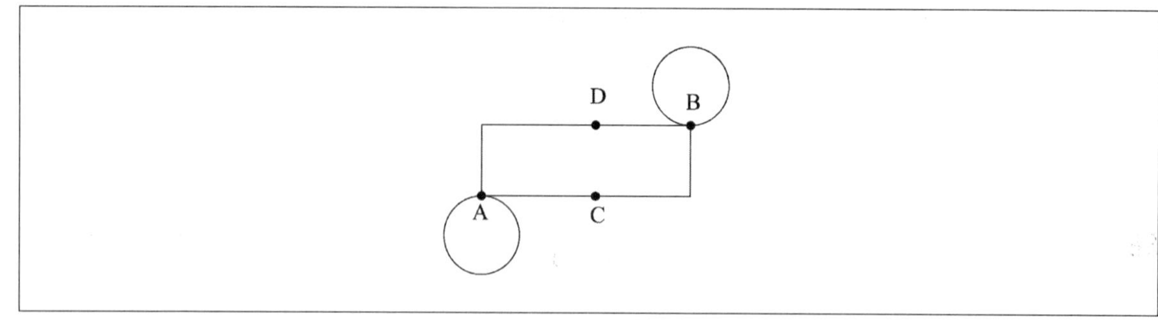

① AB

② AC

③ BC

④ BD

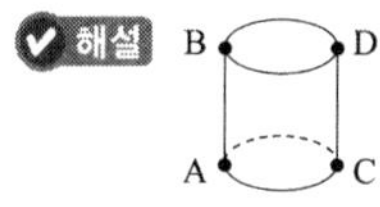 그림을 보면 BC의 거리가 가장 길다.

60

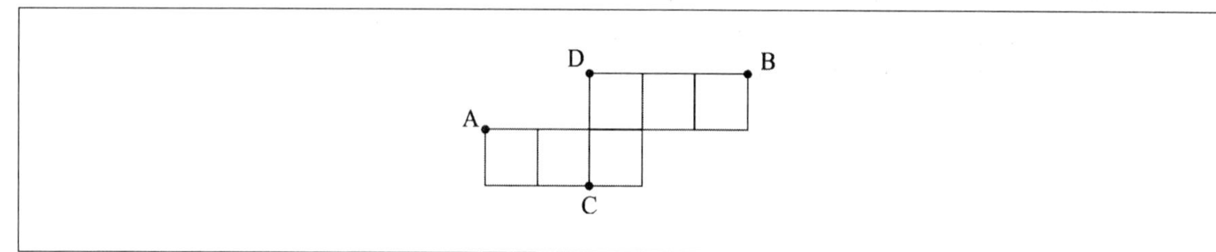

① AB

② AC

③ BC

④ BD

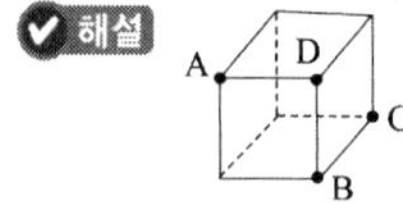 그림을 보면 AC의 길이가 가장 길다.

61

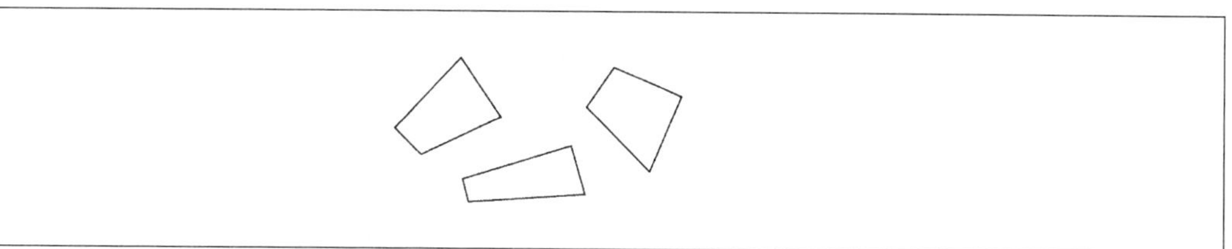

① 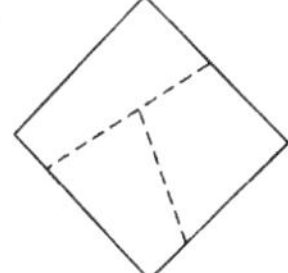

② 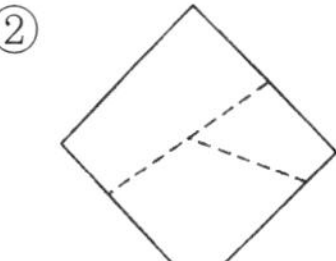

③ 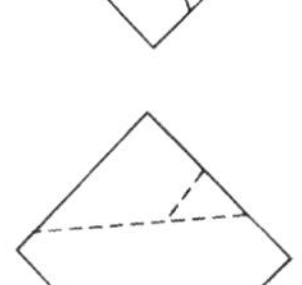

④ 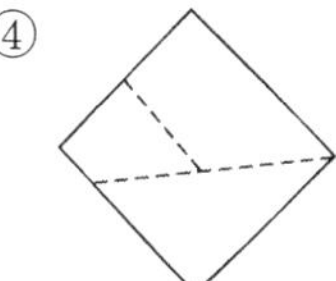

62

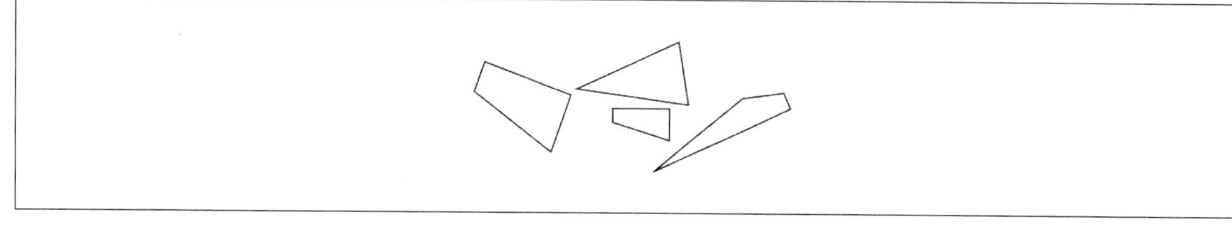

① 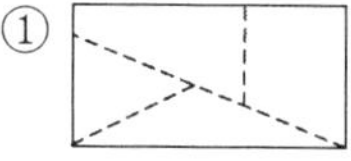

② 

③ 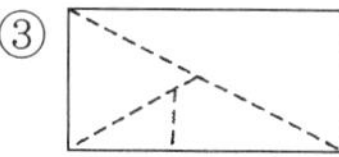

④

63

① 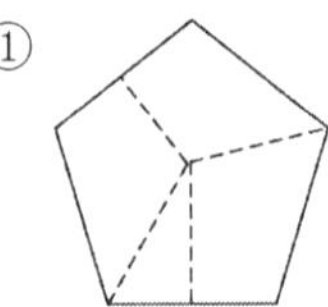

② 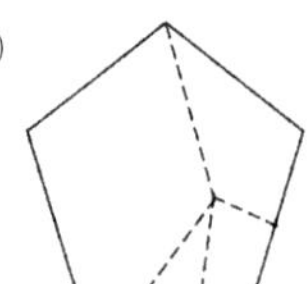

③ 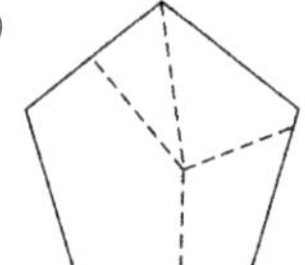

④ 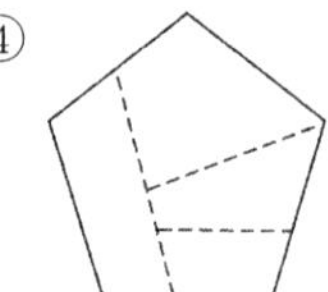

64

① 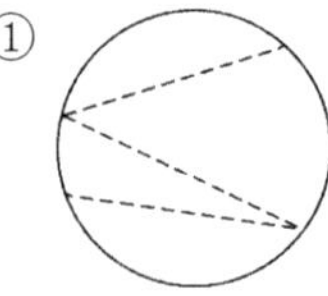

② 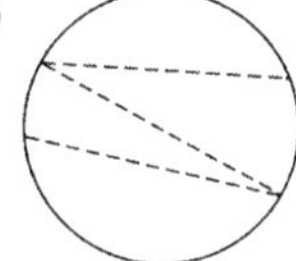

③ 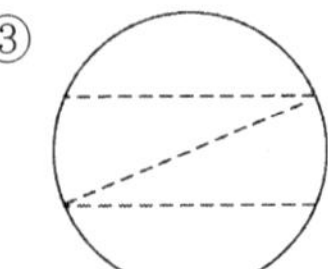

④ 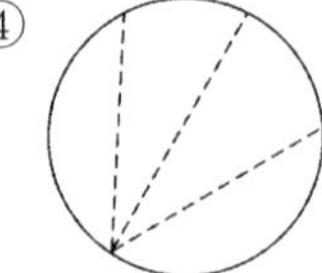

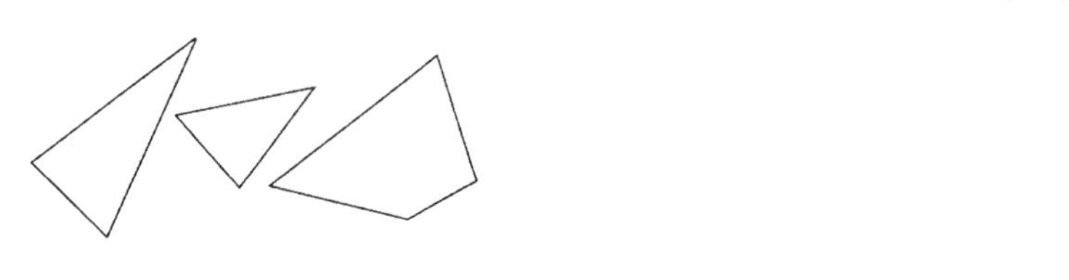

① 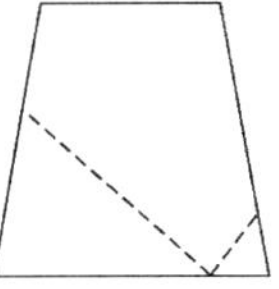

② 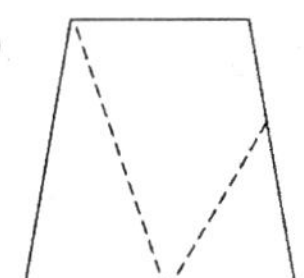

③ 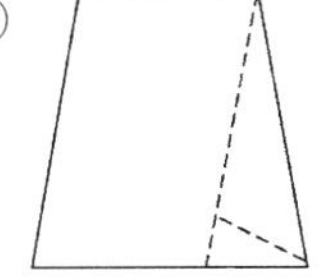

④

66

① ㄱㄹㄷㄴ

② ㄱㄷㄹㄴ

③ ㄴㄱㄹㄷ

④ ㄱㄹㄴㄷ

✔**해설** 그림의 중심이 되는 잘려진 집과 길의 모양을 보고 끊어짐 없이 연결한다.

① ㉠㉡㉢㉣
② ㉣㉠㉡㉢
③ ㉢㉠㉡㉣
④ ㉢㉡㉠㉣

✔ 해설 그림에서 가장 중심이 되는 다리의 모양과 폭을 기준으로 연결한다.

68

① ㄱㄹㄴㄷ ② ㄴㄷㄱㄹ
③ ㄷㄱㄴㄹ ④ ㄹㄱㄴㄷ

✔ 해설 난간, 다리, 배 등의 잘려진 단면을 보고 유추하여 그림을 배열한다.

69

① ㄱㄷㄴㄹ ② ㄴㄹㄱㄷ
③ ㄷㄴㄱㄹ ④ ㄷㄴㄹㄱ

70

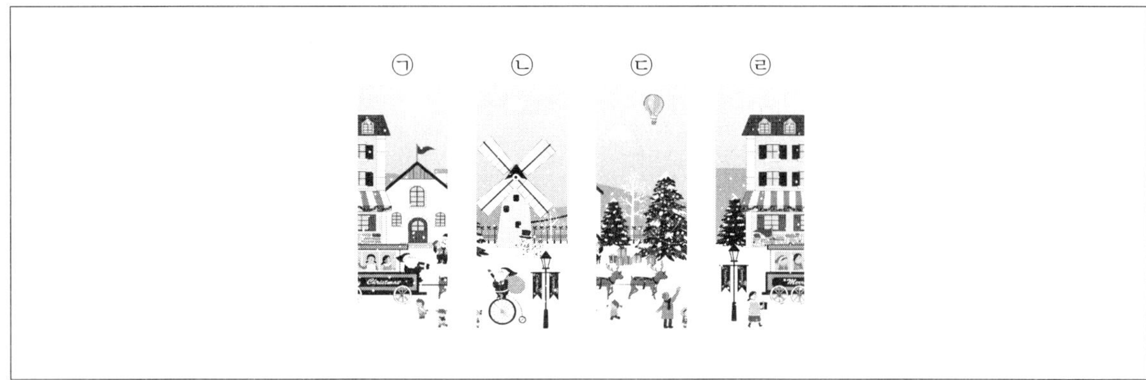

① ㉡㉢㉣㉠　　　　② ㉡㉣㉠㉢

③ ㉣㉠㉢㉡　　　　④ ㉣㉠㉡㉢

03

인성검사

1 인성검사의 목적

(1) 조직 적합성 평가

인성검사는 지원자의 성품을 알고자 하는 것이 아니다. 인사 담당자는 지원자의 어떠한 특성이 발달했는지를 알아보고, 해당 직무의 특성과 조직의 가치관에 얼마나 합치하는지를 평가한다. 직무 수행 능력과 더불어 조직과의 조화, 가치 공유 여부 등이 특히 중요하게 평가된다. 결국 인성검사는 지원자가 조직에 장기적으로 적합한 인재인지 판단하기 위한 목적을 갖는다.

(2) 조직 리스크 관리

인성검사는 문제 행동 가능성이나 스트레스 대처 방식 등을 파악하는 데에 활용된다. 책임감, 정직성, 협업 태도 등은 조직의 안정성과 직결되는 요소이기 때문에 내부 갈등, 윤리 문제, 조기 퇴사 등과 같은 잠재적인 리스크를 줄이기 위해서 시행된다.

(3) 면접과의 연계

인성검사 결과는 이후 면접에서도 긴밀하게 활용된다. 면접관은 인성검사에서 나타난 지원자의 특징과 응답 경향을 바탕으로 실제 행동이 일관되게 나타나는지를 확인한다. 즉, 인성검사는 면접 단계에서 지원자 답변의 진정성을 검증할 기초 자료를 확보하려는 목적을 내포한다.

(4) 공정하고 객관적인 평가 보완

면접은 주관적인 요소가 개입될 수 있다. 인성검사는 이를 보완하기 위한 객관적인 지표의 역할을 한다. 동일한 기준으로 다수의 지원자를 비교할 수 있기 때문에 선발 과정에서 공정성을 높이는 데에 기여를 할 수 있다. 또한 서류나 면접에서 볼 수 없었던 지원자의 성향을 추가적으로 확인이 가능하다.

(5) 인재 관리 및 배치 참고 자료 확보

채용 이후에 인성검사 결과를 통해서 인재를 배치하고 교육 방향을 설정하는 데에 활용이 가능하다. 팀 구성 시 성향을 고려하여 배치하거나 개인별 강·약점을 파악하여 막춤형 교육설계가 가능하다.

❷ 인성검사 준비 전략

(1) 기업 인재상 분석

지원 기업의 인재상과 핵심 가치를 사전에 확인해야 한다. 인성검사는 기업 문화 적합도를 평가하는 도구이므로, 기업이 중시하는 성향과 자신의 특성을 비교하는 과정이 필요하다. 이를 통해 과도한 연출 없이도 방향성 있는 응답 기준을 설정할 수 있다.

(2) 직무 성향 파악

같은 기업이라도 직무에 따라 요구되는 성향은 다르다. 예를 들어 영업 직무는 대인관계 적극성과 목표지향성이, 연구 직무는 집중력과 안정성이 상대적으로 중요하다. 지원 직무의 특성을 이해하면 응답 기준을 보다 명확히 정립할 수 있다.

(3) 자기 성향 점검

시험 전 자신의 성향을 객관적으로 정리해보는 과정이 필요하다. 평소 갈등 상황에서의 대응 방식, 규칙 준수 태도, 스트레스 관리 방식 등을 점검하면 응답 일관성을 유지하는 데 도움이 된다. 자기 이해가 부족한 상태에서 시험에 응시할 경우 즉흥적 판단이 늘어날 가능성이 높다.

(4) 모의 문항 연습

유형을 미리 경험하면 시험 당일 긴장을 줄일 수 있다. 특히 반복 문항 구조와 역문항 패턴을 이해하는 연습이 필요하다. 다만 정답을 외우는 방식이 아니라, 자신의 기준을 점검하는 방식으로 연습해야 한다.

(5) 컨디션 관리

인성검사는 장시간 집중을 요구하므로 체력과 집중력 관리가 중요하다. 수면 부족이나 과도한 긴장은 응답 패턴을 흔들 수 있다. 시험 전 충분한 휴식과 안정된 심리 상태를 유지하는 것이 바람직하다.

③ 인성검사 주요 평가 요소

(1) 성실성

규칙을 잘 지키고 일을 계획적으로 할 수 있는 태도를 말한다. 주요 문항으로는 "하기 싫더라도 주어진 일은 참고 한다", "인내심이 강하다는 말을 듣는다" 등이 있다. 인사 담당자는 성실성이 높은 지원자를 긍정적으로 평가한다. 인내심이 강하고 어려운 업무를 받아도 포기하지 않을 것이라고 생각하기 때문이다.

(2) 이타성

개인보다 공동체의 이익을 강조하는 성향으로, 협동을 중요시하는 조직에서 특히 선호하는 요소이다. "내 일을 끝내면 다른 사람을 돕는다", "봉사나 기부를 하면 뿌듯하다" 등의 문항이 이타성을 평가하는 데 사용된다. 이타성이 높으면 주로 긍정적인 평가를 받는다. 그러나 과할 경우 타인을 돕는 데 집중하다가 본인의 업무가 지연되거나 처리 효율이 떨어질 수 있다는 우려를 받는다.

(3) 허위성

응답 시 자기 특성을 과도하게 미화하여 표현하려는 성향으로, 입사를 위해 자신을 과장되게 좋은 사람으로 포장하는 경우가 이에 해당한다. 주로 '항상', '한 번도', '언제나' 등의 극단적인 표현이 들어가는 것이 특징이다. 지나치게 꾸며낸 답변은 이후 중복되거나 모순된 문항에 걸리기 쉬우므로 주의한다. 검사에서는 현재의 자신보다 조금 성장한 자신을 표현하는 정도가 적당하다.

> **TIP** 허위성을 판별하는 질문
> 실제 인성검사에서는 아래와 같은 문항을 통해 지원자가 현실적으로 불가능한 완벽함을 추구하지 않는지 판별한다. 과하게 이상적이거나 인간이라면 있을 수밖에 없는 감정과 실수를 부정하는 질문이 이에 해당한다.
> • 늘 기분이 좋다.
> • 화를 낸 적이 한 번도 없다.
> • 나는 어떤 실수도 반복하지 않는다.
> • 절대 충동적으로 행동하지 않는다.
> • 다른 사람을 부럽다고 생각해 본 적이 없다.

(4) 책임감

자신의 행동이 조직에 미치는 영향을 이해하고 주어진 일을 끝까지 해내는 성향을 의미한다. 주요 문항으로는 "맡은 일은 끝까지 해내려고 하는 편이다", "해야 할 일을 미루지 않으려고 노력한다" 등이 있다. 책임감은 일반적으로 성실성과 신뢰성을 보여주는 지표이므로 긍정적으로 평가된다. 그러나 지나치게 높을 경우 강박적으로 보이기도 한다.

(5) 자기주도성

적극적인 업무 태도와 향상성, 자기 개발 능력 등을 나타내는 정신적 활동력을 말한다. 주요 문항으로는 "하고 싶은 일을 좀처럼 실행할 수 없는 편이다", "새로운 것을 만나면 도전하고 싶다" 등이 있다. 자기주도성이 높은 것은 조직 내 성장 가능성과 책임감을 나타내는 긍정적인 요인이다. 그러나 과도하게 높으면 독단적이거나 의사소통에 문제가 있어 보일 수 있다.

(6) 정서안정성

잦은 감정 기복이나 불안 수준 등의 심리적 안정도를 측정한다. 주요 문항으로는 "실수할까 봐 어떤 일을 시작하는 것이 두렵다", "힘들다고 생각하면 쉽게 그만둔다" 등이 있다. 정서안정성이 높을 경우 감정의 폭이 일정하고 상황을 받아들이는 폭이 넓어 업무 적응력 면에서 긍정적인 요인으로 작용한다.

(7) 조직적응력

조직의 규칙과 문화를 이해하고 협동성을 바탕으로 원활한 사내 관계를 유지할 수 있는지를 측정한다. 주요 문항으로는 "팀의 목표를 위해 개인 의견을 조정할 수 있다", "새로운 환경에 빠르게 적응하는 편이다" 등이 있다. 점수가 높으면 조직 생활과 협업에 유리하게 작용한다.

(8) 준법성

업무를 공정하고 투명하게 처리하며 규칙과 절차를 성실히 따르는 성향으로, 공기업이나 공공기관에서 특히 중요시하는 성향이다. 주요 문항으로는 "규칙보다 개인의 편의를 우선시하는 것은 바람직하지 않다", "법에 어긋나더라도 관행이면 상사의 지시를 따른다" 등이 있다. 점수가 높을수록 신뢰감을 얻지만, 과할 경우 융통성이 부족하다는 인상을 줄 수 있다.

(9) 대인관계능력

타인과 원만하고 협조적인 관계를 형성할 수 있는지를 보여주는 지표이다. 주요 문항으로는 "새로운 사람들과 적응하는 시간이 짧다", "갈등이 생기면 대화를 통해 해결하는 것이 좋다" 등이 있다. 대인관계능력이 높으면 원만한 조직 생활이 가능하므로 긍정적인 평가를 받는다. 하지만 사교적으로 보이기 위해 지나치게 꾸며낸 답변은 오히려 진정성을 의심받을 수 있다.

(10) 문제해결능력

난관이나 갈등 상황에서 원인을 분석하고 현실적인 대안을 모색하여 문제를 해결하는 능력을 측정한다. 주요 문항으로는 "예상치 못한 문제에도 침착하게 대응할 수 있다", "일이 해결될 때까지 어려워도 버텨내는 편이다" 등이 있다. 이러한 능력은 도전적이고 책임감 있는 사람으로 평가받는 데 영향을 준다.

④ 인성검사 불합격 요인

(1) 직무부적합

지원 직무를 수행하는 데 필요한 성향이나 역량이 부족하다고 판단되는 경우이다. 세밀함이 요구되는 업무에서 충동적인 성향이나 낮은 주의력이 나타나는 경우가 이에 해당한다. 검사 전 지원 직무에 어울리는 성향을 정확히 이해하는 것이 중요하다.

(2) 조직에 부적합한 성향

조직의 가치관이나 문화와 조화를 이루기 어렵다고 평가되는 경우이다. 협력보다 경쟁을 선호하거나, 규율을 중시하는 환경에서 자유로운 분위기를 선호하는 경우가 이에 해당한다. 지원하는 조직이 원하는 인재상을 미리 파악해 두는 것이 좋다.

(3) 일관적이지 않은 답변

동일하거나 유사한 문항에 상반된 답을 반복적으로 제시한 경우이다. 이는 자신의 성향을 정확히 인식하지 못했거나, 인위적으로 '좋은 인상'을 주려는 의도로 답변했을 가능성을 의미한다. 앞서 언급했듯 최대한 꾸밈없이 일관된 답변을 하는 것이 중요하다.

(4) 극단적 성향

성격 특성이 한쪽으로 지나치게 치우친 경우이다. 자신감이 지나쳐 독단적으로 보이거나, 소극적인 태도가 지나쳐 단호함이 부족해 보이는 경우가 이에 해당한다. 특정 성향이 과도하게 드러나도록 답변하는 것은 바람직하지 않다.

(5) 과도하게 이상적인 인간인 것

과도하게 이상적인 인물로 답하면 문항 간 응답 일관성이 무너져 신뢰도 점수가 낮아질 수 있다. 모든 항목에 극단적으로 긍정 응답을 선택할 경우, 사회적 바람직성 왜곡으로 판단되어 감점 요인이 된다. 완벽한 사람이 아니라 예측 가능한 사람을 선호하기 때문에 과장된 응답은 오히려 탈락 위험을 높인다.

5 인성검사 대응 전략

(1) 솔직하게 답변한다.

인성검사에는 정답 대신 조직에서 바라는 인재상 또는 기대하는 답변이 있을 뿐이다. 이를 염두에 두되, 자신을 과도하게 가공하여 표현하지 않도록 주의한다. 솔직함이 일관성과 진정성을 유지하는 가장 중요한 요소가 된다.

(2) 신속하게 답변한다.

인성검사의 문항 수는 대개 150 ~ 300문항 정도이다. 너무 곰곰이 생각하다가는 문항을 다 읽지 못한 채 시간이 끝나거나, 시간에 쫓겨 대충 답하게 될 수도 있다. 이 점에 유의하여 문항을 본 순간 떠오른 첫 생각을 신속히 마킹하는 것이 바람직하다.

(3) 일관성 있게 답변한다.

실제 인사 담당자 인터뷰에 따르면, 인성검사에서 일관성 없는 답변을 한 지원자가 감점되어 탈락한 사례가 많다. 과장되거나 거짓된 응답은 결국 문항 간 모순으로 드러난다. 따라서 상기한 대로 솔직하고 일관성 있게 대답하는 것이 좋다.

(4) 반복해서 연습한다.

인성검사는 세세한 부분은 달라도 전체 구조나 패턴이 유사하다. 긴 시간 집중력을 유지하고 체력을 분배하기 위해 사전에 다양한 모의고사를 치러보며 마킹까지 끝낼 수 있도록 반복해서 연습하는 것이 좋다. 반복 연습은 사고의 일관성과 반응 속도를 높이는 데 도움이 된다.

(5) 인재상에 맞는 방향성을 설정한다.

인성검사는 기업이 추구하는 인재상과의 적합도를 확인하는 과정인 만큼 해당 기업의 핵심가치, 기업 철학 등을 파악하고 그에 부합하는 성격을 설정하는 것이 도움이 된다. 실제로 일부 지원자는 모니터 옆에 지원하는 기업의 인재상을 붙여 두고, 해당 기준에 따라 일관된 태도를 유지하며 답변하는 전략을 사용한다. 다만 주지하다시피 현실적인 범위 내에서 진정성을 유지하는 것이 중요하다.

(6) 면접에 적용한다.

인성검사 결과는 면접에 사용된다. 만일 정직성이 의심된다면 면접에서 그 부분을 기반으로 한 질문을 받게 될 것이다. 인성검사에서 자신을 어떤 사람으로 표현했는지 잘 기억하며 면접에서도 같은 방향성을 유지하는 것이 좋다. 기업의 인재상과 자신의 인성검사 답변을 정리하여 면접 준비에 활용하도록 한다.

성향별 대응 전략

❶ 심리적 측면

(1) 민감성

① 특징 : 꼼꼼함, 섬세함 등의 요소를 통해 얼마나 정서적으로 안정되었는지를 측정한다. 적당한 민감성은 세심하고 감수성이 풍부하다는 장점으로 이어질 수 있다.

② 면접 시 유의점

  ㉠ 민감성이 높은 경우 : 인사 담당자는 동료와의 관계 유지나 스트레스 대응력 등을 우려할 수 있다. 따라서 타인의 감정에 잘 공감하고 배려하는 소통 능력을 강조하는 것이 좋다.

  ㉡ 민감성이 낮은 경우 : 주변의 변화나 타인의 감정에 둔감하다는 인상을 줄 수 있다. 상대의 의견을 충분히 경청하고 상황 변화에 유연하게 대응해 온 경험을 드러내는 것이 좋다.

(2) 과민성

① 특징 : 예상치 못한 어려움이 발생했을 때 부정적인 감정을 얼마나 크게 받아들이는지를 측정한다. 문제에 예민하게 반응하거나 스스로를 비난하고 책망하는 경향 등이 포함된다.

② 면접 시 유의점

  ㉠ 과민성이 높은 경우 : 비관적인 성격으로 예상될 가능성이 있다. 문제 상황에서 침착하게 대처하고 스트레스를 균형 있게 조절할 수 있음을 어필하는 것이 좋다.

  ㉡ 과민성이 낮은 경우 : 감정에 흔들리지 않고 안정된 대인 관계를 유지할 수 있는 사람으로 평가받을 수 있다. 그러나 과도하게 낮다면 자기중심적으로 보일 수 있으므로 사교적이고 긍정적인 태도를 어필하는 것이 좋다.

(3) 불안성

① 특징 : 기분의 굴곡이 얼마나 큰지 측정하는 항목이다. 새로운 상황이나 예기치 못한 변화가 발생했을 때 정서적으로 얼마나 흔들리는지를 파악하고자 한다.

② 면접 시 유의점

　㉠ 불안성이 높은 경우 : 불안성이 높은 사람은 의지보다 감정에 따라 행동하기 쉽다. 그러므로 불안성 점수가 높은 지원자는 감정 조절 능력을 강조하고 차분한 태도로 면접에 임하는 것이 좋다.

　㉡ 불안성이 낮은 경우 : 쉽게 일비일희하지 않아 안정적으로 성과를 낼 수 있는 지원자로 보일 수 있다. 그러므로 면접에서도 이러한 장점을 적절히 부각하여 신뢰감을 주는 것이 좋다.

(4) 독자성

① 특징 : 주변에 대한 견해나 관심보다는 자신의 관점과 느낌을 중요하게 생각하는 개인성의 정도를 측정한다. 주로 독자성이 낮을수록 상식적이며 일반적인 판단 기준에 따라 행동한다고 본다.

② 면접 시 유의점

　㉠ 독자성이 높은 경우 : 독창적이고 자율적인 사고를 강조할 수 있지만, 규범이나 절차를 중시하는 조직 환경에서는 적응에 어려움을 겪을 가능성이 있다. 해당 경우 협업 과정에서 타인의 의견을 수용하고 조직의 기준을 존중하는 태도를 보이는 것이 좋다.

　㉡ 독자성이 낮은 경우 : 지나치게 수동적으로 보이지 않아야 한다. 필요한 상황에서는 스스로 판단하고 의견을 제시할 수 있음을 함께 어필하는 것이 좋다.

(5) 자신감

① 특징 : 자신의 능력과 가치를 얼마나 긍정적으로 인식하고 있는지 측정한다. 적정 수준의 자신감 표출은 도전 의지와 안정된 자기 효능감으로 이어질 수 있다.

② 면접 시 유의점

　㉠ 자신감이 높은 경우 : 자신감 점수가 너무 높으면 오만하게 보일 수 있다. 따라서 겸손한 태도와 함께 타인의 의견을 존중하며 협력한 경험을 제시해 균형 잡힌 인상을 주는 것이 좋다.

　㉡ 자신감이 낮은 경우 : 소극적이거나 쉽게 좌절할 것으로 평가될 수 있다. 이때는 맡은 일을 책임감 있게 완수한 경험과 꾸준히 발전해 온 모습을 강조하는 것이 좋다.

(6) 고양성

① 특징 : 자유분방함, 명랑함 등과 같은 정서적 활성도를 측정한다. 기본적인 정서적 에너지 수준과 대인 상황에서의 자기표현 방식을 파악하고자 한다.

② 면접 시 유의점

 ㉠ 고양성이 높은 경우 : 착실함과 집중력이 요구되는 직무에서 산만하다는 인상을 남길 수 있으므로 주의가 필요하다. 필요할 때는 착실하고 책임감 있게 업무를 수행할 수 있음을 어필하는 것이 좋다.

 ㉡ 고양성이 낮은 경우 : 안정적인 태도와 일관된 업무 수행력이 기대되나, 지나치게 낮은 경우에는 감정표현이 다소 부족해 보일 수 있다. 차분한 모습으로 소통 면에서의 신뢰감을 주면 좋다.

(7) 진위성

① 특징 : 자신을 필요 이상으로 좋게 포장하거나 기업체가 바라는 이상적인 대답을 하고 있지는 않은지 측정한다. 지원자의 진정성과 일관성을 파악하고자 한다.

② 면접 시 유의점

 ㉠ 진위성이 높은 경우 : 정직하고 외부의 압력과 스트레스에도 흔들리지 않는 사람으로 평가받을 수 있다. 이러한 긍정적인 면을 일관되게 유지하여 면접에 임하는 것이 좋다.

 ㉡ 진위성이 낮은 경우 : 과장되거나 인위적인 답변을 했다는 인상을 줄 수 있다. 솔직하고 꾸며내지 않은 경험을 제시하여 진정성을 드러내고 신뢰를 회복하는 것이 중요하다.

2 행동적 측면

(1) 신중성

① 특징 : 의사결정이나 행동을 취하기 전에 얼마나 면밀히 사고하고 판단하는지를 측정하며, 계획적이고 체계적으로 접근하려 하는 성향을 포함한다.

② 면접 시 유의점

    ㉠ 신중성이 높은 경우 : 완벽주의 성향으로 인해 업무 효율성이 저하되거나 변화 대응력이 부족할 것이라는 인상을 줄 수 있다. 신중성뿐만 아니라 추진력 또한 갖추었음을 어필하는 것이 좋다.

    ㉡ 신중성이 낮은 경우 : 빠른 실행력을 장점으로 제시하되, 충동적이고 경솔한 유형이라는 평가를 받지 않도록 중요한 결정 시에는 충분한 검토 과정을 거친다는 점을 함께 설명하는 것이 좋다.

(2) 지속성

① 특징 : 목표를 설정한 후 그것을 달성하기 위해 지속적으로 노력을 기울이는 정도를 측정한다. 난관이나 장애물에 직면했을 때도 쉽게 포기하지 않고 끝까지 과업을 완수하려는 태도가 이에 해당한다.

② 면접 시 유의점

    ㉠ 지속성이 높은 경우 : 인내심이 많지만 특정 업무에만 몰두하여 유연한 업무 처리가 어려울 것이라는 우려를 남긴다. 상황에 따라 우선순위를 조정하는 유연성을 어필하는 것이 좋다.

    ㉡ 지속성이 낮은 경우 : 쉽게 포기하거나 끈기가 부족하다는 인상을 줄 수 있다. 그러므로 맡은 일을 끝까지 책임지고 마무리할 의지가 있다는 점을 분명하게 전달하는 것이 좋다.

(3) 침착성

① 특징 : 예상치 못한 상황이나 압박 속에서도 감정 동요 없이 차분하게 행동할 수 있는지를 측정한다. 위기 상황에서 냉정함을 유지하며 합리적인 판단을 내리는 능력과 관련이 있다.

② 면접 시 유의점

    ㉠ 침착성이 높은 경우 : 신중하게 계획을 세워 안정적으로 업무를 수행할 것이라고 평가된다. 차분하게 면접에 임하여 이러한 강점을 입증하되, 소극적이거나 열정이 부족해 보이지 않도록 주의한다.

    ㉡ 침착성이 낮은 경우 : 충분한 검토 없이 즉각적으로 행동하는 유형으로 해석될 수 있다. 인사 담당자에게 경솔하다는 인상을 줄 수 있으므로 사려 깊고 신중한 태도를 충분히 드러내는 것이 좋다.

(4) 신체활동성

① 특징 : 신체적인 에너지를 활용하는 활동에 대한 선호와 의지 정도를 측정한다. 활동적 환경과 정적인 환경 중 어떤 상황에서 더 안정적으로 행동하는지를 파악한다.

② 면접 시 유의점

　　㉠ 신체활동성이 높은 경우 : 적극적이고 추진력 있다는 인상을 줄 수 있다. 그러나 집중력과 신중함이 필요한 업무에서는 부정적인 요인으로 평가될 수도 있다. 활동을 통해 얻은 구체적인 성과를 강조하고, 상황에 따라 유연하게 대응하는 능력을 어필하는 것이 좋다.

　　㉡ 신체활동성이 낮은 경우 : 차분하고 안정적인 태도를 지닐 것으로 기대되지만, 자칫 에너지가 부족해 보일 수도 있다. 맡은 일에 적극적으로 성과를 내고자 하는 태도를 강조해 균형 잡힌 이미지를 전달하는 것이 좋다.

(5) 사회적 내향성

① 특징 : 대인 관계 시 나타나는 개방성과 사교성 등을 측정한다. 낯선 상황에서 타인과 상호작용하는 방식, 의사 표현의 적극성, 협업 시 보이는 관계 형성 패턴 등을 파악한다.

② 면접 시 유의점

　　㉠ 사회적 내향성이 높은 경우 : 조용하고 신중한 태도를 보이는 경향이 있다. 과묵하게 보이지 않도록 배려와 경청을 기반으로 한 의사소통 방식을 자연스럽게 드러내어 협업에 문제없다는 인상을 주는 것이 좋다.

　　㉡ 사회적 내향성이 낮은 경우 : 자기주장이 강하거나 협조성이 부족하다는 평가를 받을 수 있다. 면접 상황에서 발언 비중을 조절하고 경청의 태도를 보이면 안정감을 줄 수 있다.

(1) 달성의욕

① 특징 : 자신이 설정한 목표를 이루기 위해 노력하고자 하는 성취 지향적인 태도를 측정한다. 높은 이상이나 뚜렷한 목적의식을 가졌는지를 판별한다.

② 면접 시 유의점

　㉠ 달성의욕이 높은 경우 : 자기 계발 의지 및 경쟁심 등으로 연결될 수 있어 대부분의 조직에서 긍정적으로 평가된다. 다만 점수가 지나치게 높은 경우 독단적이거나 고집이 세 보일 수 있으므로 수용적인 태도를 함께 갖추는 것이 좋다.

　㉡ 달성의욕이 낮은 경우 : 도전 의지가 부족하거나 목표 설정에 소극적인 인상을 줄 수 있다. 주어진 역할을 꾸준히 수행하여 안정적인 성취를 이룬 경험을 드러내는 것이 좋다.

(2) 활동의욕

① 특징 : 목표를 위해 정신적인 에너지를 발휘하고 적극적으로 행동하려는 활동력 및 추진력을 측정한다. 새로운 일을 마주했을 때 빠르게 움직이고, 상황을 주도적으로 이끄는 것이 이에 해당한다.

② 면접 시 유의점

　㉠ 활동의욕이 높은 경우 : 대개 상황 판단이 빠르고 실행 능력이 뛰어나다고 평가받는다. 다만 상황에 맞춰 의욕을 조절할 수 있음을 함께 보여 이러한 성향이 과도한 성급함으로 해석되지 않도록 하는 것이 좋다.

　㉡ 활동의욕이 낮은 경우 : 신중하고 차분한 특성이 강조된다. 소극적인 인재로 해석될 가능성이 있으므로 업무 진행 과정에서 주도성을 발휘할 수 있다는 태도를 보이는 것이 좋다.

> **TIP** 인재상과 나의 실제 성격이 다를 때
>
> 기업체의 인재상과 나의 실제 성격이 다를 수 있다. 그럴 때는 자신의 성향을 해석하고 전달하는 방식을 바꾸어 인재상과 연결 짓도록 한다.
>
> • 사회적 내향성이 높은 성격이지만 협동력과 대인관계능력을 중요시하는 인재상을 요구받을 수 있다. 이 경우 내성적이지만 경청을 잘해 갈등 중재에 뛰어나다는 점을 강조한다.
> • 사회적 내향성이 낮고 신체활동성이 높아서 성실성을 강조하는 인재상에 맞지 않는 경우가 있다. 이 경우 체력을 기반으로 꾸준히 노력할 수 있는 인재라는 점을 어필한다.

1 인성검사 유형

(1) 복합형

복합형 인성검사는 하나의 문항 안에 서로 다른 성향을 암시하는 질문을 제시하여 응답자가 어떤 특성을 우선시하는지 확인하는 유형이다. 즉, 응답자의 성향이 얼마나 일관된 기준을 중심으로 정리되어 있는지를 통해 응답자의 균형감각과 우선순위 설정 능력 등을 확인하는 데에 활용된다.

(2) 생각일치형

생각일치형 인성검사는 개인의 가치관, 신념, 사고방식이 어떤 형태를 띠고 있는지 판단하는 유형이다. 주로 업무 태도, 인간관계, 문제 해결 방식과 같이 인지적 판단이 개입되는 영역을 다루는 문항이 출제된다. 이를 통해 지원자의 생각이 상황에 따라 쉽게 바뀌는지, 혹은 일정한 기준에 따라 논리적으로 사고하는지를 확인하고자 한다.

(3) 행동일치형

행동일치형 인성검사는 지원자의 실제 행동 경향을 중심으로 성향을 판단하는 유형이다. 생각이나 태도와 달리 행동은 비교적 꾸며내기 어렵다는 점에서 중요한 평가 자료로 활용될 수 있다. 이 유형은 '어떻게 생각하는가'보다는 '실제로 어떻게 행동해 왔는가'를 기준으로 성향을 파악한다. 즉, 지원자의 실천 가능성과 지속성 등을 중점적으로 평가한다.

(4) 진위형

진위형 인성검사는 문항에 대해 '그렇다/아니다'와 같은 구조로 이분법적 선택을 요구하는 유형이다. 문항 자체는 비교적 단순해 보일 수 있으나, 동일하거나 유사한 내용이 반복적으로 제시되며 응답의 진실성과 일관성을 검증하는 데에 자주 활용된다.

❷ 복합형 응답 요령과 예시

(1) 응답 요령

복합형 응답법

- 응답 Ⅰ : 각각의 문항에 대해 자신이 동의하는 정도를 ① (전혀 그렇지 않다) ~ ⑤ (매우 그렇다)로 표시한다.
- 응답 Ⅱ : 제시된 문항들을 비교하여 상대적으로 자신의 성격과 가장 가까운 문항 하나와 가장 거리가 먼 문항 하나를 선택한다. 응답 Ⅱ는 가깝다 한 개, 멀다 한 개, 무응답 두 개여야 한다.

(2) 예시 및 해설

질문	응답 Ⅰ ① ② ③ ④ ⑤	응답 Ⅱ 멀다 가깝다
A. 무슨 일도 좀처럼 시작하지 못 한다.		
B. 초면인 사람과도 바로 친해질 수 있다.		
C. 행동하고 나서 생각하는 편이다.		
D. 쉬는 날은 집에 있는 경우가 많다		

〈문항 해설〉

A. 자신감을 구분하는 문항이다.
B. 사회적 내향성을 구분하는 문항이다.
C. 신중성을 구분하는 문항이다.
D. 신체활동성을 구분하는 문항이다.

(3) 응답 전략

① 다양한 응답 유형 사이에서도 일관성을 유지하는 것이 중요하다. 문항 전체에서 흔들리지 않는 핵심 가치를 하나 잡고 응답을 이어 나가는 것이 도움 될 수 있다.

② 모든 항목에서 '매우 그렇다/매우 아니다'를 선택하면 신뢰도가 떨어지고 진정성을 의심받을 수 있다. 너무 이상적이거나 완벽한 사람처럼 보이는 응답은 되도록 피한다.

③ 상황에 따라 유연하게 판단할 수 있다는 인상을 주되, 책임 회피형 응답은 피한다.

(1) 응답 요령

생각일치형 응답법

제시된 네 가지 질문 중에서 자신과 가장 가깝다고 생각하는 질문에 '가깝다', 자신과 가장 멀다고 생각하는 질문에 '멀다'로 각각 선택한다. 응답은 가깝다 한 개, 멀다 한 개, 무응답 두 개여야 한다.

(2) 예시 및 해설

질문	가깝다	멀다
나는 계획적으로 일을 하는 것을 좋아한다.		
나는 꼼꼼하게 일을 마무리하는 편이다.		
나는 새로운 방법으로 문제를 해결하는 것을 좋아한다.		
나는 빠르고 신속하게 일을 처리해야 마음이 편하다.		

〈문항 해설〉

질문 : 업무 수행에서의 방식·태도·정밀도·속도에 대한 선호를 비교하여 신중성의 수준을 구분하는 문항이다.

(3) 응답 전략

① 유사한 맥락의 문항을 반복적으로 물어 일관성을 확인하는 유형이다. 비슷한 문항은 의미 단위로 기억하여 일관적인 답변을 제시하도록 한다.

② 의미상 양극단의 문항(ex. 나는 꼼꼼하게 일을 마무리하는 편이다/나는 세심하지 못한 편이다)에 모순되는 답변을 하지 않도록 특히 주의한다.

③ 너무 극단적으로 보일 수 있는 문항은 되도록 선택을 피하는 것이 좋다.

4 행동일치형 응답 요령과 예시

(1) 응답 요령

(2) 예시 및 해설

1	① 아무것도 생각하지 않을 때가 많다.	ㄱ ①②③④
	② 스포츠는 하는 것보다 보는 게 좋다.	
	③ 성격이 급한 편이다.	ㅁ ①②③④
	④ 비가 오지 않으면 우산을 가지고 가지 않는다.	

〈문항 해설〉

① 활동의욕을 구분하는 문항이다.
② 신체활동성을 구분하는 문항이다.
③ 침착성을 구분하는 문항이다.
④ 신중성을 구분하는 문항이다.

(3) 응답 전략

① 행동 양상을 분석해서 생각과의 일관성을 판단하는 유형이다. 생각과 행동이 일치할 때 설득력이 높아짐에 유의한다.

② 지원하는 직무의 역할과 맥락을 고려하여, 태도에서 강조한 강점이 행동 사례에서도 입증되도록 응답한다.

③ 너무 극단적인 표현이나 단정 짓는 어조를 가진 문항에 주의하여 응답한다.

5 **진위형 응답 요령과 예시**

(1) 응답 요령

진위형 응답법

제시된 질문을 읽은 다음 자신에게 해당하는 것이라면 YES를 선택하고, 해당하지 않는다면 NO를 선택한다.

(2) 예시 및 해설

질문	YES	NO
1. 집에 머무는 시간보다 밖에서 활동하는 시간이 더 많은 편이다.		
2. 자주 생각이 바뀌는 편이다.		
3. 사람들과 관계 맺는 것을 잘하지 못한다.		
4. 끈기가 있는 편이다.		
5. 인생의 목표는 큰 것이 좋다.		

〈문항 해설〉

1. 신체활동성을 구분하는 문항이다.
2. 신중성을 구분하는 문항이다.
3. 사회적 내향성을 구분하는 문항이다.
4. 지속성을 구분하는 문항이다.
5. 달성의욕을 구분하는 문항이다.

(3) 응답 전략

① 단순 양자택일의 유형이므로 극단적인 진술이 되지 않도록 특히 주의한다.

② 조직의 인재상에 부합하는 중요한 가치에는 일관된 긍정 답변을 제시하는 것이 좋다.

③ 약한 수준의 부정적 성향을 묻는 문항(ex. 나는 <u>가끔</u> 우울하다)에는 솔직하게 긍정해서 진정성을 드러내는 것이 좋다.

⑥ 상황판단형 응답 요령과 예시

(1) 응답 요령

상황판단형 응답법

상황판단형은 개인의 감정보다 조직 기준에 부합하는 행동을 선택하는 것이 중요하다. 무조건적인 반항, 무조건적인 복종과 같은 극단적인 행동은 감점 요인이 될 수 있다. 문항에서 제시된 상황의 맥락을 먼저 파악한 뒤, 책임성과 협업성을 동시에 고려해야 한다.

(2) 예시 및 해설

문항 질문 : 상사가 규정을 다소 위반하는 방식으로 업무를 처리하라고 지시하였다. 당신의 행동으로 가장 적절한 것은 무엇인가?
① 지시에 따르되, 문제 발생 시 책임은 상사에게 전가한다.
② 규정 위반이므로 즉시 거부하고 문제를 외부 기관에 신고한다.
③ 우선 상사에게 규정 위반 가능성을 설명하고 대안을 제시한다.
④ 지시에 따르되, 별다른 의견은 제시하지 않는다.

〈문항 해설〉
① 책임 회피적 태도로 판단될 수 있으며 조직 신뢰성 측면에서 부정적으로 평가될 가능성이 있다.
② 원칙 중심적 태도는 긍정적이나, 조직 내 해결 노력 없이 즉각 외부 신고를 선택하는 것은 협업성 부족으로 해석될 수 있다.
③ 규정을 존중하면서도 상사와의 소통을 통해 해결을 시도하는 방식으로, 책임감 · 의사소통 능력 · 조직 적응성을 동시에 보여주는 선택이다.
④ 갈등을 회피하고 수동적으로 따르는 태도로 평가될 수 있으며, 문제 해결 능력이 낮게 판단될 가능성이 있다.

(3) 응답 전략

① 상황의 핵심 갈등 요소를 먼저 파악해야 한다.

② 조직 질서를 존중하되 소통과 문제 해결 노력을 포함한 선택지를 우선 고려한다.

③ 감정적 대응이나 책임 회피형 선택은 지양하고, 책임 · 협업 · 합리성이 균형을 이루는 답안을 선택하는 것이 바람직하다.

실전 인성검사

1 복합형

|1~35| 다음 질문에 대해서 평소 자신이 생각하고 있는 것이나 행동하고 있는 것에 대해 박스에 주어진 응답요령에 따라 답하시오.

응답요령

- **응답 I** : 제시된 문항들을 읽은 다음 각각의 문항에 대해 자신이 동의하는 정도를 ①(전혀 그렇지 않다)~⑤(매우 그렇다)로 표시하면 된다.
- **응답 II** : 제시된 문항들을 비교하여 상대적으로 자신의 성격과 가장 가까운 문항 하나와 가장 거리가 먼 문항 하나를 선택하여야 한다(응답 II의 응답은 가깝다 1개, 멀다 1개, 무응답 2개이어야 한다).

1

문항	응답 I					응답 II	
	①	②	③	④	⑤	멀다	가깝다
A. 몸을 움직이는 것을 좋아하지 않는다.							
B. 쉽게 질리는 편이다.							
C. 경솔한 편이라고 생각한다.							
D. 인생의 목표는 손이 닿을 정도면 된다.							

2

문항	응답 I					응답 II	
	①	②	③	④	⑤	멀다	가깝다
A. 무슨 일도 좀처럼 시작하지 못한다.							
B. 초면인 사람과도 바로 친해질 수 있다.							
C. 행동하고 나서 생각하는 편이다.							
D. 쉬는 날은 집에 있는 경우가 많다.							

3

문항	응답 I					응답 II	
	①	②	③	④	⑤	멀다	가깝다
A. 조금이라도 나쁜 소식은 절망의 시작이라고 생각해 버린다.							
B. 언제나 실패가 걱정이 되어 어쩔 줄 모른다.							
C. 다수결의 의견에 따르는 편이다.							
D. 혼자서 술집에 들어가는 것은 전혀 두려운 일이 아니다.							

4

문항	응답 I					응답 II	
	①	②	③	④	⑤	멀다	가깝다
A. 승부근성이 강하다.							
B. 자주 흥분해서 침착하지 못하다.							
C. 지금까지 살면서 타인에게 폐를 끼친 적이 없다.							
D. 소곤소곤 이야기하는 것을 보면 자기에 대해 험담하고 있는 것으로 생각된다.							

5

문항	응답 I					응답 II	
	①	②	③	④	⑤	멀다	가깝다
A. 무엇이든지 자기가 나쁘다고 생각하는 편이다.							
B. 자신을 변덕스러운 사람이라고 생각한다.							
C. 고독을 즐기는 편이다.							
D. 자존심이 강하다고 생각한다.							

6

문항	응답 I					응답 II	
	①	②	③	④	⑤	멀다	가깝다
A. 금방 흥분하는 성격이다.							
B. 거짓말을 한 적이 없다.							
C. 신경질적인 편이다.							
D. 끙끙대며 고민하는 타입이다.							

7

문항	응답 I					응답 II	
	①	②	③	④	⑤	멀다	가깝다
A. 감정적인 사람이라고 생각한다.							
B. 자신만의 신념을 가지고 있다.							
C. 다른 사람을 바보 같다고 생각한 적이 있다.							
D. 금방 말해버리는 편이다.							

8

문항	응답 I					응답 II	
	①	②	③	④	⑤	멀다	가깝다
A. 싫어하는 사람이 없다.							
B. 대재앙이 오지 않을까 항상 걱정을 한다.							
C. 쓸데없는 고생을 하는 일이 많다.							
D. 자주 생각이 바뀌는 편이다.							

9

문항	응답 I					응답 II	
	①	②	③	④	⑤	멀다	가깝다
A. 문제점을 해결하기 위해 여러 사람과 상의한다.							
B. 내 방식대로 일을 한다.							
C. 영화를 보고 운 적이 많다.							
D. 어떤 것에 대해서도 화낸 적이 없다.							

10

문항	응답 I					응답 II	
	①	②	③	④	⑤	멀다	가깝다
A. 사소한 충고에도 걱정을 한다.							
B. 자신은 도움이 안 되는 사람이라고 생각한다.							
C. 금방 싫증을 내는 편이다.							
D. 개성적인 사람이라고 생각한다.							

11

문항	응답 I					응답 II	
	①	②	③	④	⑤	멀다	가깝다
A. 자기주장이 강한 편이다.							
B. 뒤숭숭하다는 말을 들은 적이 있다.							
C. 학교를 쉬고 싶다고 생각한 적이 한 번도 없다.							
D. 사람들과 관계 맺는 것을 보면 잘하지 못한다.							

12

문항	응답 I					응답 II	
	①	②	③	④	⑤	멀다	가깝다
A. 사려 깊은 편이다.							
B. 몸을 움직이는 것을 좋아한다.							
C. 끈기가 있는 편이다.							
D. 신중한 편이라고 생각한다.							

13

문항	응답 I					응답 II	
	①	②	③	④	⑤	멀다	가깝다
A. 인생의 목표는 큰 것이 좋다.							
B. 어떤 일이라도 바로 시작하는 타입이다.							
C. 낯가림을 하는 편이다.							
D. 생각하고 나서 행동하는 편이다.							

14

문항	응답 I					응답 II	
	①	②	③	④	⑤	멀다	가깝다
A. 쉬는 날은 밖으로 나가는 경우가 많다.							
B. 시작한 일은 반드시 완성시킨다.							
C. 면밀한 계획을 세운 여행을 좋아한다.							
D. 야망이 있는 편이라고 생각한다.							

15

문항	응답 I					응답 II	
	①	②	③	④	⑤	멀다	가깝다
A. 활동력이 있는 편이다.							
B. 많은 사람들과 왁자지껄하게 식사하는 것을 좋아하지 않는다.							
C. 돈을 허비한 적이 없다.							
D. 운동회를 아주 좋아하고 기대했다.							

16

문항	응답 I					응답 II	
	①	②	③	④	⑤	멀다	가깝다
A. 하나의 취미에 열중하는 타입이다.							
B. 모임에서 회장에 어울린다고 생각한다.							
C. 입신출세의 성공이야기를 좋아한다.							
D. 어떠한 일도 의욕을 가지고 임하는 편이다.							

17

문항	응답 I					응답 II	
	①	②	③	④	⑤	멀다	가깝다
A. 학급에서는 존재가 희미했다.							
B. 항상 무언가를 생각하고 있다.							
C. 스포츠는 보는 것보다 하는 게 좋다.							
D. 잘한다라는 말을 자주 듣는다.							

18

문항	응답 I					응답 II	
	①	②	③	④	⑤	멀다	가깝다
A. 흐린 날은 반드시 우산을 가지고 간다.							
B. 주연상을 받을 수 있는 배우를 좋아한다.							
C. 공격하는 타입이라고 생각한다.							
D. 리드를 받는 편이다.							

문항	응답 I					응답 II	
	①	②	③	④	⑤	멀다	가깝다
A. 너무 신중해서 기회를 놓친 적이 있다.							
B. 시원시원하게 움직이는 타입이다.							
C. 야근을 해서라도 업무를 끝낸다.							
D. 누군가를 방문할 때는 반드시 사전에 확인한다.							

20

문항	응답 I					응답 II	
	①	②	③	④	⑤	멀다	가깝다
A. 노력해도 결과가 따르지 않으면 의미가 없다.							
B. 무조건 행동해야 한다.							
C. 유행에 둔감하다고 생각한다.							
D. 정해진 대로 움직이는 것은 시시하다.							

21

문항	응답 I					응답 II	
	①	②	③	④	⑤	멀다	가깝다
A. 꿈을 계속 가지고 있고 싶다.							
B. 질서보다 자유를 중요시하는 편이다.							
C. 혼자서 취미에 몰두하는 것을 좋아한다.							
D. 직관적으로 판단하는 편이다.							

22

문항	응답 I					응답 II	
	①	②	③	④	⑤	멀다	가깝다
A. 영화나 드라마를 보면 등장인물의 감정에 이입된다.							
B. 시대의 흐름에 역행해서라도 자신을 관철하고 싶다.							
C. 다른 사람의 소문에 관심이 없다.							
D. 창조적인 편이다.							

23

문항	응답 I					응답 II	
	①	②	③	④	⑤	멀다	가깝다
A. 비교적 눈물이 많은 편이다.							
B. 융통성이 있다고 생각한다.							
C. 친구의 휴대전화 번호를 잘 모른다.							
D. 스스로 고안하는 것을 좋아한다.							

24

문항	응답 I					응답 II	
	①	②	③	④	⑤	멀다	가깝다
A. 정이 두터운 사람으로 남고 싶다.							
B. 조직의 일원으로 별로 안 어울린다.							
C. 세상의 일에 별로 관심이 없다.							
D. 변화를 추구하는 편이다.							

25

문항	응답 I					응답 II	
	①	②	③	④	⑤	멀다	가깝다
A. 업무는 인간관계로 선택한다.							
B. 환경이 변하는 것에 구애되지 않는다.							
C. 불안감이 강한 편이다.							
D. 인생은 살 가치가 없다고 생각한다.							

26

문항	응답 I					응답 II	
	①	②	③	④	⑤	멀다	가깝다
A. 의지가 약한 편이다.							
B. 다른 사람이 하는 일에 별로 관심이 없다.							
C. 사람을 설득시키는 것은 어렵지 않다.							
D. 심심한 것을 못 참는다.							

27

문항	응답 I					응답 II	
	①	②	③	④	⑤	멀다	가깝다
A. 다른 사람을 욕한 적이 한 번도 없다.							
B. 다른 사람에게 어떻게 보일지 신경을 쓴다.							
C. 금방 낙심하는 편이다.							
D. 다른 사람에게 의존하는 경향이 있다.							

28

문항	응답 I					응답 II	
	①	②	③	④	⑤	멀다	가깝다
A. 그다지 융통성이 있는 편이 아니다.							
B. 다른 사람이 내 의견에 간섭하는 것이 싫다.							
C. 낙천적인 편이다.							
D. 숙제를 잊어버린 적이 한 번도 없다.							

29

문항	응답 I					응답 II	
	①	②	③	④	⑤	멀다	가깝다
A. 밤길에는 발소리가 들리기만 해도 불안하다.							
B. 상냥하다는 말을 들은 적이 있다.							
C. 자신은 유치한 사람이다.							
D. 잡담을 하는 것보다 책을 읽는게 낫다.							

30

문항	응답 I					응답 II	
	①	②	③	④	⑤	멀다	가깝다
A. 나는 영업에 적합한 타입이라고 생각한다.							
B. 술자리에서 술을 마시지 않아도 흥을 돋울 수 있다.							
C. 한 번도 병원에 간 적이 없다.							
D. 나쁜 일은 걱정이 되어서 어쩔 줄을 모른다.							

31

문항	응답 I					응답 II	
	①	②	③	④	⑤	멀다	가깝다
A. 금세 무기력해지는 편이다.							
B. 비교적 고분고분한 편이라고 생각한다.							
C. 독자적으로 행동하는 편이다.							
D. 적극적으로 행동하는 편이다.							

32

문항	응답 I					응답 II	
	①	②	③	④	⑤	멀다	가깝다
A. 금방 감격하는 편이다.							
B. 어떤 것에 대해서도 불만을 가진 적이 없다.							
C. 밤에 못잘 때가 많다.							
D. 자주 후회하는 편이다.							

33

문항	응답 I					응답 II	
	①	②	③	④	⑤	멀다	가깝다
A. 뜨거워지기 쉽고 식기 쉽다.							
B. 자신만의 세계를 가지고 있다.							
C. 많은 사람들 앞에서도 긴장하는 일은 없다.							
D. 말하는 것을 아주 좋아한다.							

34

문항	응답 I					응답 II	
	①	②	③	④	⑤	멀다	가깝다
A. 인생을 포기하는 마음을 가진 적이 한 번도 없다.							
B. 어두운 성격이다.							
C. 금방 반성한다.							
D. 활동범위가 넓은 편이다.							

35

문항	응답 I					응답 II	
	①	②	③	④	⑤	멀다	가깝다
A. 자신을 끈기 있는 사람이라고 생각한다.							
B. 좋다고 생각하더라도 좀 더 검토하고 나서 실행한다.							
C. 위대한 인물이 되고 싶다.							
D. 한 번에 많은 일을 떠맡아도 힘들지 않다.							

▎1~50▎ 다음 각 문제에서 제시된 4개의 질문 중 자신의 생각과 일치하거나 자신을 가장 잘 나타내는 질문과 가장 거리가 먼 질문을 각각 하나씩 고르시오.

	질문	가깝다	멀다
1	나는 계획적으로 일을 하는 것을 좋아한다.		
	나는 꼼꼼하게 일을 마무리 하는 편이다.		
	나는 새로운 방법으로 문제를 해결하는 것을 좋아한다.		
	나는 빠르고 신속하게 일을 처리해야 마음이 편하다.		
2	나는 문제를 해결하기 위해 여러 사람과 상의한다.		
	나는 어떠한 결정을 내릴 때 신중한 편이다.		
	나는 시작한 일은 반드시 완성시킨다.		
	나는 문제를 현실적이고 객관적으로 해결한다.		
3	나는 글보다 말로 표현하는 것이 편하다.		
	나는 논리적인 원칙에 따라 행동하는 것이 좋다.		
	나는 집중력이 강하고 매사에 철저하다.		
	나는 자기능력을 뽐내지 않고 겸손하다.		
4	나는 융통성 있게 업무를 처리한다.		
	나는 질문을 받으면 충분히 생각하고 나서 대답한다.		
	나는 긍정적이고 낙천적인 사고방식을 갖고 있다.		
	나는 매사에 적극적인 편이다.		
5	나는 기발한 아이디어를 많이 낸다.		
	나는 새로운 일을 하는 것이 좋다.		
	나는 타인의 견해를 잘 고려한다.		
	나는 사람들을 잘 설득시킨다.		

	질문	가깝다	멀다
6	나는 종종 화가 날 때가 있다.		
	나는 화를 잘 참지 못한다.		
	나는 단호하고 통솔력이 있다.		
	나는 집단을 이끌어가는 능력이 있다.		
7	나는 조용하고 성실하다.		
	나는 책임감이 강하다.		
	나는 독창적이며 창의적이다.		
	나는 복잡한 문제도 간단하게 해결한다.		
8	나는 관심 있는 분야에 몰두하는 것이 즐겁다.		
	나는 목표를 달성하는 것을 중요하게 생각한다.		
	나는 상황에 따라 일정을 조율하는 융통성이 있다.		
	나는 의사결정에 신속함이 있다.		
9	나는 정리 정돈과 계획에 능하다.		
	나는 사람들의 관심을 받는 것이 기분 좋다.		
	나는 때로는 고집스러울 때도 있다.		
	나는 원리원칙을 중시하는 편이다.		
10	나는 맡은 일에 헌신적이다.		
	나는 타인의 감정에 민감하다.		
	나는 목적과 방향은 변화할 수 있다고 생각한다.		
	나는 다른 사람과 의견의 충돌은 피하고 싶다.		
11	나는 구체적인 사실을 잘 기억하는 편이다.		
	나는 새로운 일을 시도하는 것이 즐겁다.		
	나는 겸손하다.		
	나는 다른 사람과 별다른 마찰이 없다.		
12	나는 나이에 비해 성숙한 편이다.		
	나는 유머감각이 있다.		
	나는 다른 사람의 생각이나 의견을 중요시 생각한다.		
	나는 솔직하고 단호한 편이다.		
13	나는 낙천적이고 긍정적이다.		
	나는 집단을 이끌어가는 능력이 있다.		
	나는 사람들에게 인기가 많다.		
	나는 활동을 조직하고 주도해나가는데 능하다.		
14	나는 사람들에게 칭찬을 잘 한다.		
	나는 사교성이 풍부한 편이다.		
	나는 동정심이 많다.		
	나는 정보에 밝고 지식에 대한 욕구가 높다.		

	질문	가깝다	멀다
15	나는 호기심이 많다.		
	나는 다수결의 의견에 쉽게 따른다.		
	나는 승부근성이 강하다.		
	나는 자존심이 강한 편이다.		
16	나는 한번 생각한 것은 자주 바꾸지 않는다.		
	나는 개성 있다는 말을 자주 듣는다.		
	나는 나만의 방식으로 업무를 풀어나가는데 능하다.		
	나는 신중한 편이라고 생각한다.		
17	나는 문제를 해결하기 위해 많은 사람의 의견을 참고한다.		
	나는 몸을 움직이는 것을 좋아한다.		
	나는 시작한 일은 반드시 완성시킨다.		
	나는 문제 상황을 객관적으로 대처하는데 자신이 있다.		
18	나는 목표를 향해 계속 도전하는 편이다.		
	나는 실패하는 것이 두렵지 않다.		
	나는 친구들이 많은 편이다.		
	나는 다른 사람의 시선을 고려하여 행동한다.		
19	나는 추상적인 이론을 잘 기억하는 편이다.		
	나는 적극적으로 행동하는 편이다.		
	나는 말하는 것을 좋아한다.		
	나는 꾸준히 노력하는 타입이다.		
20	나는 실행력이 있는 편이다.		
	나는 조직 내 분위기 메이커이다.		
	나는 세심하지 못한 편이다.		
	나는 모임에서 지원자 역할을 맡는 것이 좋다.		
21	나는 현실적이고 실용적인 것을 추구한다.		
	나는 계획을 세우고 실행하는 것이 재미있다.		
	나는 꾸준한 취미를 갖고 있다.		
	나는 성급하게 결정하지 않는다.		
22	나는 싫어하는 사람과도 아무렇지 않게 이야기 할 수 있다.		
	내 책상은 항상 깔끔히 정돈되어 있다.		
	나는 실패보다 성공을 먼저 생각한다.		
	나는 동료와의 경쟁도 즐긴다.		
23	나는 능력을 칭찬받는 경우가 많다.		
	나는 논리정연하게 말을 하는 편이다.		
	나는 사물의 근원과 배경에 대해 관심이 많다.		
	나는 문제에 부딪히면 스스로 해결하는 편이다.		

질문	가깝다	멀다
나는 부지런한 편이다.		
나는 일을 하는 속도가 빠르다.		
나는 독특하고 창의적인 생각을 잘한다.		
나는 약속한 일은 어기지 않는다.		
나는 환경의 변화에도 쉽게 적응할 수 있다.		
나는 망설이는 것보다 도전하는 편이다.		
나는 완벽주의자이다.		
나는 팀을 짜서 일을 하는 것이 재미있다.		
나는 조직을 위해서 내 이익을 포기할 수 있다.		
나는 상상력이 풍부하다.		
나는 여러 가지 각도로 사물을 분석하는 것이 좋다.		
나는 인간관계를 중시하는 편이다.		
나는 경험한 방법 중 가장 적합한 방법으로 일을 해결한다.		
나는 독자적인 시각을 갖고 있다.		
나는 시간이 걸려도 침착하게 생각하는 경우가 많다.		
나는 높은 목표를 설정하고 이루기 위해 노력하는 편이다.		
나는 성격이 시원시원하다는 말을 자주 듣는다.		
나는 자기 표현력이 강한 편이다.		
나는 일의 내용을 중요시 여긴다.		
나는 다른 사람보다 동정심이 많은 편이다.		
나는 하기 싫은 일을 맡아도 표시내지 않고 마무리 한다.		
나는 누가 시키지 않아도 일을 계획적으로 진행한다.		
나는 한 가지 일에 집중을 잘 하는 편이다.		
나는 남을 설득하고 이해시키는데 자신이 있다.		
나는 비합리적이거나 불의를 보면 쉽게 지나치지 못한다.		
나는 무엇이던 시작하면 이루어야 직성이 풀린다.		
나는 사람을 가리지 않고 쉽게 사귄다.		
나는 어렵고 힘든 일에 도전하는 것에 쾌감을 느낀다.		
나는 명랑하고 쾌활한 성격이며 활동적이다.		
나는 지나간 일에는 미련을 두지 않는다.		
나는 내가 조금 손해 보더라도 남을 돕는데 적극적이다.		
나는 승부근성이 강한 편이다.		
나는 경쟁하는 일보다 협동하는 일이 좋다.		
나는 일을 모아서 한 번에 처리하는데 능하다.		
나는 위기의 상황에서 순간적인 대처능력이 있다.		
나는 라이벌과의 경쟁에서 지고 싶지 않다.		

	질문	가깝다	멀다
33	나는 재능이 많고 활기차다.		
	나는 눈치가 빨라서 다른 사람의 감정을 쉽게 파악한다.		
	나는 새로운 것보다는 검증되고 안전한 것을 선택한다.		
	나는 주어진 시간 내에 많은 성과를 내고 싶다.		
34	나는 상황에 정면으로 맞서서 도전하는 것이 좋다.		
	나는 대인관계의 폭이 넓은 편이다.		
	나는 윤리적이고 양심적으로 살고 싶다.		
	나는 의지력이 강한 편이며 쉽게 포기하지 않는다.		
35	나는 약자를 괴롭히는 정의롭지 못한 사람은 혼내주고 싶다.		
	나는 두뇌회전이 빠르고 아이디어가 풍부하다는 말을 듣는다.		
	나는 권위나 예의를 따지기보다 격의 없이 지내는 것이 좋다.		
	나는 성공을 위해서 끊임없이 노력한다.		
36	나는 함께 있으면 마음이 편안하다는 소리를 듣는다.		
	나는 이해력이 빠른 편이다.		
	나는 규칙을 정확히 지키는 편이다.		
	나는 다른 사람에게 좋은 인상을 주기 위해 이미지에 신경 쓰는 편이다.		
37	나는 감정이 풍부한 편이다.		
	나는 다른 사람을 도와줄 때 보람을 느낀다.		
	나는 공사구분이 확실한 편이다.		
	나는 독립적인 주관을 갖고 있다.		
38	나는 타인에게 자기 견해나 가치를 강요하지 않는다.		
	나는 감정에 쉽게 흔들리지 않는 절제력을 갖고 있다.		
	나는 미리 준비하여 업무를 시작한다.		
	나는 의견이 대립될 때 중재하는 역할을 자주 수행한다.		
39	나는 합리적인 사고를 중시하며 효율적으로 일한다.		
	친한 친구라도 경쟁을 한다면 이기는 것이 중요하다.		
	나는 계속해서 새로운 것에 도전하며 발전하고 싶다.		
	나는 타인의 충고에도 관대하다.		
40	나는 협동성이 강한 편이다.		
	나는 자기관리에 철저하다.		
	나는 전통적인 방식을 선호한다.		
	나는 무엇인가를 배우는 것에서 즐거움을 느낀다.		
41	나는 종종 어떤 분야에서 전문가 수준의 지식과 식견을 갖고 있다.		
	나는 다른 사람들에게 동기를 부여하는 능력이 탁월하다.		
	나는 무리한 부탁이더라도 도움을 주려고 노력한다.		
	나는 효율성 있는 작업방법을 찾기 위해 작업 방식을 미리 고민한다.		

	질문	가깝다	멀다
42	나는 무엇이든 쉽게 배우는 편이다.		
	나는 대화를 이끌어 나가는 편이다.		
	나는 객관적인 관찰력과 분석력을 갖고 있다.		
	나는 어떠한 일을 하던 끈기 있게 몰두한다.		
43	나는 팀을 위해 희생하는 것이 당연하다고 생각한다.		
	나는 계획을 세워 정확하게 지키는 편이다.		
	나는 완벽을 추구하기 위해 끊임없이 노력한다.		
	나는 모든 것을 품는 포용력이 있다.		
44	나는 나에게 주어진 기대 이상의 능력을 지니고 있다.		
	나는 핵심 원리를 이해하는 것이 중요하다고 생각한다.		
	나는 수동적인 사람보다 적극적인 사람이라고 생각한다.		
	나는 안전한 방법을 고르는 편이다.		
45	나는 교제의 범위가 넓은 편이다.		
	나는 피곤하더라도 웃으면서 일하는 편이다.		
	나는 아직 일어나지 않은 일이라도 미리 대처하는 편이다.		
	나는 동료보다 돋보이고 싶다.		
46	나는 상사가 지시하는 일은 복종해야 한다고 생각한다.		
	나는 취미생활을 3~4개 정도 갖고 있다.		
	나는 전체의 흐름에 순응하는 편이다.		
	나는 나만이 할 수 있는 일을 하고 싶다.		
47	나는 착한 사람이라는 말을 종종 듣는다.		
	나는 토론이나 경쟁 프레젠테이션에 강하다.		
	나는 실험정신이 강한 편이다.		
	나는 다른 사람을 쉽게 믿는다.		
48	나는 돌발적이고 긴급한 상황이라도 긴장하지 않는다.		
	나는 주위 사람들과 어울려 노는 것이 즐겁다.		
	나는 한 번에 여러 가지 일을 하는데 능숙하다.		
	나는 주어진 기회는 반드시 놓치지 않는다.		
49	나는 이성적이고 합리적인 사람이 이상향이다.		
	나는 직관력이 뛰어난 편이다.		
	나는 위험을 무릅쓰더라도 성공하고 싶다.		
	나는 타인에 대한 이해와 배려심이 강하다.		
50	나는 지루한 것은 참기 힘들다.		
	나는 장난이 심한 편이다.		
	나는 지난일을 생각할 때가 자주 있다.		
	나는 논리보다 감정이 앞선다.		

▎1~15 ▎ 다음 주어진 보기 중에서 자신과 가장 가깝다고 생각하는 것은 'ㄱ'에 표시하고, 자신과 가장 멀다고 생각하는 것은 'ㅁ'에 표시하시오.

1

① 모임에서 리더에 어울리지 않는다고 생각한다.
② 착실한 노력으로 성공한 이야기를 좋아한다.
③ 어떠한 일에도 의욕이 없이 임하는 편이다.
④ 학급에서는 존재가 두드러졌다.

ㄱ	① ② ③ ④
ㅁ	① ② ③ ④

2

① 아무것도 생각하지 않을 때가 많다.
② 스포츠는 하는 것보다는 보는 게 좋다.
③ 성격이 급한 편이다.
④ 비가 오지 않으면 우산을 가지고 가지 않는다.

ㄱ	① ② ③ ④
ㅁ	① ② ③ ④

3

① 1인자보다는 조력자의 역할을 좋아한다.
② 의리를 지키는 타입이다.
③ 리드를 하는 편이다.
④ 남의 이야기를 잘 들어준다.

ㄱ	① ② ③ ④
ㅁ	① ② ③ ④

4

① 여유 있게 대비하는 타입이다.
② 업무가 진행 중이라도 야근을 하지 않는다.
③ 즉흥적으로 약속을 잡는다.
④ 노력하는 과정이 결과보다 중요하다.

ㄱ	① ② ③ ④
ㅁ	① ② ③ ④

5

① 무리해서 행동할 필요는 없다.

② 유행에 민감하다고 생각한다.

③ 정해진 대로 움직이는 편이 안심된다.

④ 현실을 직시하는 편이다.

| ㄱ | ① ② ③ ④ |
| ㅁ | ① ② ③ ④ |

6

① 자유보다 질서를 중요시하는 편이다.

② 사람들과 이야기하는 것을 좋아한다.

③ 경험에 비추어 판단하는 편이다.

④ 영화나 드라마는 각본의 완성도나 화면구성에 주목한다.

| ㄱ | ① ② ③ ④ |
| ㅁ | ① ② ③ ④ |

7

① 혼자 자유롭게 생활하는 것이 편하다.

② 다른 사람의 소문에 관심이 많다.

③ 실무적인 편이다.

④ 비교적 냉정한 편이다.

| ㄱ | ① ② ③ ④ |
| ㅁ | ① ② ③ ④ |

8

① 협조성이 있다고 생각한다.

② 친한 친구의 휴대폰 번호는 대부분 외운다.

③ 정해진 순서에 따르는 것을 좋아한다.

④ 이성적인 사람으로 남고 싶다.

| ㄱ | ① ② ③ ④ |
| ㅁ | ① ② ③ ④ |

9

① 단체 생활을 잘 한다.
② 세상의 일에 관심이 많다.
③ 안정을 추구하는 편이다.
④ 도전하는 것이 즐겁다.

| ㄱ | ① ② ③ ④ |
| ㅁ | ① ② ③ ④ |

10

① 되도록 환경은 변하지 않는 것이 좋다.
② 밝은 성격이다.
③ 지나간 일에 연연하지 않는다.
④ 활동범위가 좁은 편이다.

| ㄱ | ① ② ③ ④ |
| ㅁ | ① ② ③ ④ |

11

① 자신을 시원시원한 사람이라고 생각한다.
② 좋다고 생각하면 바로 행동한다.
③ 세상에 필요한 사람이 되고 싶다.
④ 한 번에 많은 일을 떠맡는 것은 골칫거리라고 생각한다.

| ㄱ | ① ② ③ ④ |
| ㅁ | ① ② ③ ④ |

12

① 사람과 만나는 것이 즐겁다.
② 질문을 받으면 그때의 느낌으로 대답하는 편이다.
③ 땀을 흘리는 것보다 머리를 쓰는 일이 좋다.
④ 이미 결정된 것이라도 그다지 구속받지 않는다.

| ㄱ | ① ② ③ ④ |
| ㅁ | ① ② ③ ④ |

13

① 외출시 문을 잠갔는지 잘 확인하지 않는다.

② 권력욕이 있다.

③ 안전책을 고르는 타입이다.

④ 자신이 사교적이라고 생각한다.

ㄱ	① ② ③ ④
ㅁ	① ② ③ ④

14

① 예절 · 규칙 · 법 따위에 민감하다.

② '참 착하네요'라는 말을 자주 듣는다.

③ 내가 즐거운 것이 최고다.

④ 누구도 예상하지 못한 일을 해보고 싶다.

ㄱ	① ② ③ ④
ㅁ	① ② ③ ④

15

① 평범하고 평온하게 행복한 인생을 살고 싶다.

② 모험하는 것이 좋다.

③ 특별히 소극적이라고 생각하지 않는다.

④ 이것저것 평하는 것이 싫다.

ㄱ	① ② ③ ④
ㅁ	① ② ③ ④

❙1~200❙ 다음 (   ) 안에 당신에게 해당사항이 있으면 'YES', 그렇지 않다면 'NO'를 선택하시오.

	YES	NO
1. 사람들이 붐비는 도시보다 한적한 시골이 좋다.	( )	( )
2. 전자기기를 잘 다루지 못하는 편이다.	( )	( )
3. 인생에 대해 깊이 생각해 본 적이 없다.	( )	( )
4. 혼자서 식당에 들어가는 것은 전혀 두려운 일이 아니다.	( )	( )
5. 남녀 사이의 연애에서 중요한 것은 돈이다.	( )	( )
6. 걸음걸이가 빠른 편이다.	( )	( )
7. 육류보다 채소류를 더 좋아한다.	( )	( )
8. 소곤소곤 이야기하는 것을 보면 자기에 대해 험담하고 있는 것으로 생각된다.	( )	( )
9. 여럿이 어울리는 자리에서 이야기를 주도하는 편이다.	( )	( )
10. 집에 머무는 시간보다 밖에서 활동하는 시간이 더 많은 편이다.	( )	( )
11. 무엇인가 창조해내는 작업을 좋아한다.	( )	( )
12. 자존심이 강하다고 생각한다.	( )	( )
13. 금방 흥분하는 성격이다.	( )	( )
14. 거짓말을 한 적이 많다.	( )	( )
15. 신경질적인 편이다.	( )	( )
16. 끙끙대며 고민하는 타입이다.	( )	( )
17. 자신이 맡은 일에 반드시 책임을 지는 편이다.	( )	( )
18. 누군가와 마주하는 것보다 통화로 이야기하는 것이 더 편하다.	( )	( )
19. 운동신경이 뛰어난 편이다.	( )	( )

YES   NO

20. 생각나는 대로 말해버리는 편이다. ···(   )(   )

21. 싫어하는 사람이 없다. ···(   )(   )

22. 학창시절 국·영·수보다는 예체능 과목을 더 좋아했다. ···············(   )(   )

23. 쓸데없는 고생을 하는 일이 많다. ···(   )(   )

24. 자주 생각이 바뀌는 편이다. ···(   )(   )

25. 갈등은 대화로 해결한다. ···(   )(   )

26. 내 방식대로 일을 한다. ···(   )(   )

27. 영화를 보고 운 적이 많다. ···(   )(   )

28. 어떤 것에 대해서도 화낸 적이 없다. ··(   )(   )

29. 좀처럼 아픈 적이 없다. ···(   )(   )

30. 자신은 도움이 안 되는 사람이라고 생각한다. ·······························(   )(   )

31. 어떤 일이든 쉽게 싫증을 내는 편이다. ···(   )(   )

32. 개성적인 사람이라고 생각한다. ···(   )(   )

33. 자기주장이 강한 편이다. ···(   )(   )

34. 뒤숭숭하다는 말을 들은 적이 있다. ···(   )(   )

35. 인터넷 사용이 아주 능숙하다. ···(   )(   )

36. 사람들과 관계 맺는 것을 보면 잘하지 못한다. ······························(   )(   )

37. 사고방식이 독특하다. ···(   )(   )

38. 대중교통보다는 걷는 것을 더 선호한다. ··(   )(   )

39. 끈기가 있는 편이다. ···(   )(   )

40. 신중한 편이라고 생각한다. ···(   )(   )

41. 인생의 목표는 큰 것이 좋다. ···(   )(   )

42. 어떤 일이라도 바로 시작하는 타입이다. ··(   )(   )

YES　　NO

43. 낯가림을 하는 편이다. ···(　)(　)

44. 생각하고 나서 행동하는 편이다. ···(　)(　)

45. 쉬는 날은 밖으로 나가는 경우가 많다. ·································(　)(　)

46. 시작한 일은 반드시 완성시킨다. ···(　)(　)

47. 면밀한 계획을 세운 여행을 좋아한다. ·································(　)(　)

48. 야망이 있는 편이라고 생각한다. ···(　)(　)

49. 활동력이 있는 편이다. ···(　)(　)

50. 많은 사람들과 왁자지껄하게 식사하는 것을 좋아하지 않는다. ····(　)(　)

51. 장기적인 계획을 세우는 것을 꺼려한다. ·······························(　)(　)

52. 자기 일이 아닌 이상 무심한 편이다. ·····································(　)(　)

53. 하나의 취미에 열중하는 타입이다. ·······································(　)(　)

54. 스스로 모임에서 회장에 어울린다고 생각한다. ·····················(　)(　)

55. 입신출세의 성공이야기를 좋아한다. ·····································(　)(　)

56. 어떠한 일도 의욕을 가지고 임하는 편이다. ···························(　)(　)

57. 학급에서는 존재가 희미했다. ···(　)(　)

58. 항상 무언가를 생각하고 있다. ···(　)(　)

59. 스포츠는 보는 것보다 하는 게 좋다. ·····································(　)(　)

60. 문제 상황을 바르게 인식하고 현실적이고 객관적으로 대처한다. ···(　)(　)

61. 흐린 날은 반드시 우산을 가지고 간다. ·································(　)(　)

62. 여러 명보다 1 : 1로 대화하는 것을 선호한다. ·····················(　)(　)

63. 공격하는 타입이라고 생각한다. ···(　)(　)

64. 리드를 받는 편이다. ···(　)(　)

65. 너무 신중해서 기회를 놓친 적이 있다. ·································(　)(　)

YES　　NO

66. 시원시원하게 움직이는 타입이다. ································(　)(　)

67. 야근을 해서라도 업무를 끝낸다. ··································(　)(　)

68. 누군가를 방문할 때는 반드시 사전에 확인한다. ················(　)(　)

69. 아무리 노력해도 결과가 따르지 않는다면 의미가 없다. ········(　)(　)

70. 솔직하고 타인에 대해 개방적이다. ······························(　)(　)

71. 유행에 둔감하다고 생각한다. ····································(　)(　)

72. 정해진 대로 움직이는 것은 시시하다. ··························(　)(　)

73. 꿈을 계속 가지고 있고 싶다. ····································(　)(　)

74. 질서보다 자유를 중요시하는 편이다. ··························(　)(　)

75. 혼자서 취미에 몰두하는 것을 좋아한다. ······················(　)(　)

76. 직관적으로 판단하는 편이다. ····································(　)(　)

77. 영화나 드라마를 보며 등장인물의 감정에 이입된다. ··········(　)(　)

78. 시대의 흐름에 역행해서라도 자신을 관철하고 싶다. ··········(　)(　)

79. 다른 사람의 소문에 관심이 없다. ······························(　)(　)

80. 창조적인 편이다. ··(　)(　)

81. 비교적 눈물이 많은 편이다. ····································(　)(　)

82. 융통성이 있다고 생각한다. ······································(　)(　)

83. 친구의 휴대전화 번호를 잘 모른다. ····························(　)(　)

84. 스스로 고안하는 것을 좋아한다. ································(　)(　)

85. 정이 두터운 사람으로 남고 싶다. ······························(　)(　)

86. 새로 나온 전자제품의 사용방법을 익히는 데 오래 걸린다. ····(　)(　)

87. 세상의 일에 별로 관심이 없다. ································(　)(　)

88. 변화를 추구하는 편이다. ··(　)(　)

YES　　NO

89. 업무는 인간관계로 선택한다. ……………………………………………………………(　)(　)

90. 환경이 변하는 것에 구애되지 않는다. ………………………………………………(　)(　)

91. 다른 사람들에게 첫인상이 좋다는 이야기를 자주 듣는다. ……………………(　)(　)

92. 인생은 살 가치가 없다고 생각한다. …………………………………………………(　)(　)

93. 의지가 약한 편이다. ……………………………………………………………………(　)(　)

94. 다른 사람이 하는 일에 별로 관심이 없다. …………………………………………(　)(　)

95. 자주 넘어지거나 다치는 편이다. ………………………………………………………(　)(　)

96. 심심한 것을 못 참는다. …………………………………………………………………(　)(　)

97. 다른 사람을 욕한 적이 한 번도 없다. ………………………………………………(　)(　)

98. 몸이 아프더라도 병원에 잘 가지 않는 편이다. ……………………………………(　)(　)

99. 금방 낙심하는 편이다. …………………………………………………………………(　)(　)

100. 평소 말이 빠른 편이다. ………………………………………………………………(　)(　)

101. 어려운 일은 되도록 피하는 게 좋다. ………………………………………………(　)(　)

102. 다른 사람이 내 의견에 간섭하는 것이 싫다. ……………………………………(　)(　)

103. 낙천적인 편이다. ………………………………………………………………………(　)(　)

104. 남을 돕다가 오해를 산 적이 있다. …………………………………………………(　)(　)

105. 모든 일에 준비성이 철저한 편이다. ………………………………………………(　)(　)

106. 상냥하다는 말을 들은 적이 있다. ……………………………………………………(　)(　)

107. 맑은 날보다 흐린 날을 더 좋아한다. ………………………………………………(　)(　)

108. 많은 친구들을 만나는 것보다 단 둘이 만나는 것이 더 좋다. …………………(　)(　)

109. 평소에 불평불만이 많은 편이다. ……………………………………………………(　)(　)

110. 가끔 나도 모르게 엉뚱한 행동을 하는 때가 있다. ………………………………(　)(　)

111. 생리현상을 잘 참지 못하는 편이다. ………………………………………………(　)(　)

YES   NO

112. 다른 사람을 기다리는 경우가 많다. ······( )( )

113. 술자리나 모임에 억지로 참여하는 경우가 많다. ······( )( )

114. 결혼과 연애는 별개라고 생각한다. ······( )( )

115. 노후에 대해 걱정이 될 때가 많다. ······( )( )

116. 잃어버린 물건은 쉽게 찾는 편이다. ······( )( )

117. 비교적 쉽게 감격하는 편이다. ······( )( )

118. 어떤 것에 대해서는 불만을 가진 적이 없다. ······( )( )

119. 걱정으로 밤에 못 잘 때가 많다. ······( )( )

120. 자주 후회하는 편이다. ······( )( )

121. 쉽게 학습하지만 쉽게 잊어버린다. ······( )( )

122. 낮보다 밤에 일하는 것이 좋다. ······( )( )

123. 많은 사람 앞에서도 긴장하지 않는다. ······( )( )

124. 상대방에게 감정 표현을 하기가 어렵게 느껴진다. ······( )( )

125. 인생을 포기하는 마음을 가진 적이 한 번도 없다. ······( )( )

126. 규칙에 대해 드러나게 반발하기보다 속으로 반발한다. ······( )( )

127. 자신의 언행에 대해 자주 반성한다. ······( )( )

128. 활동범위가 좁아 늘 가던 곳만 고집한다. ······( )( )

129. 나는 끈기가 다소 부족하다. ······( )( )

130. 좋다고 생각하더라도 좀 더 검토하고 나서 실행한다. ······( )( )

131. 위대한 인물이 되고 싶다. ······( )( )

132. 한 번에 많은 일을 떠맡아도 힘들지 않다. ······( )( )

133. 사람과 약속은 부담스럽다. ······( )( )

134. 질문을 받으면 충분히 생각하고 나서 대답하는 편이다. ······( )( )

YES   NO

135. 머리를 쓰는 것보다 땀을 흘리는 일이 좋다. ……………………………………………(   )(   )

136. 결정한 것에는 철저히 구속받는다. …………………………………………………………(   )(   )

137. 아무리 바쁘더라도 자기관리를 위한 운동을 꼭 한다. ………………………………(   )(   )

138. 이왕 할 거라면 일등이 되고 싶다. ……………………………………………………………(   )(   )

139. 과감하게 도전하는 타입이다. …………………………………………………………………(   )(   )

140. 자신은 사교적이 아니라고 생각한다. ………………………………………………………(   )(   )

141. 무심코 도리에 대해서 말하고 싶어진다. …………………………………………………(   )(   )

142. 목소리가 큰 편이다. ………………………………………………………………………………(   )(   )

143. 단념하기보다 실패하는 것이 낫다고 생각한다. …………………………………………(   )(   )

144. 예상하지 못한 일은 하고 싶지 않다. ………………………………………………………(   )(   )

145. 파란만장하더라도 성공하는 인생을 살고 싶다. …………………………………………(   )(   )

146. 활기찬 편이라고 생각한다. ……………………………………………………………………(   )(   )

147. 자신의 성격으로 고민한 적이 있다. …………………………………………………………(   )(   )

148. 무심코 사람들을 평가 한다. ……………………………………………………………………(   )(   )

149. 때때로 성급하다고 생각한다. …………………………………………………………………(   )(   )

150. 자신은 꾸준히 노력하는 타입이라고 생각한다. …………………………………………(   )(   )

151. 터무니없는 생각이라도 메모한다. ……………………………………………………………(   )(   )

152. 리더십이 있는 사람이 되고 싶다. ……………………………………………………………(   )(   )

153. 열정적인 사람이라고 생각한다. ………………………………………………………………(   )(   )

154. 다른 사람 앞에서 이야기를 하는 것이 조심스럽다. ……………………………………(   )(   )

155. 세심하기보다 통찰력이 있는 편이다. ………………………………………………………(   )(   )

156. 엉덩이가 가벼운 편이다. …………………………………………………………………………(   )(   )

157. 여러 가지로 구애받는 것을 견디지 못한다. ………………………………………………(   )(   )

158. 돌다리도 두들겨 보고 건너는 쪽이 좋다. ·····(　)(　)

159. 자신에게는 권력욕이 있다. ·····(　)(　)

160. 자신의 능력보다 과중한 업무를 할당받으면 기쁘다. ·····(　)(　)

161. 사색적인 사람이라고 생각한다. ·····(　)(　)

162. 비교적 개혁적이다. ·····(　)(　)

163. 좋고 싫음으로 정할 때가 많다. ·····(　)(　)

164. 전통에 얽매인 습관은 버리는 것이 적절하다. ·····(　)(　)

165. 교제 범위가 좁은 편이다. ·····(　)(　)

166. 발상의 전환을 할 수 있는 타입이라고 생각한다. ·····(　)(　)

167. 주관적인 판단으로 실수한 적이 있다. ·····(　)(　)

168. 현실적이고 실용적인 면을 추구한다. ·····(　)(　)

169. 타고난 능력에 의존하는 편이다. ·····(　)(　)

170. 다른 사람을 의식하여 외모에 신경을 쓴다. ·····(　)(　)

171. 마음이 담겨 있으면 선물은 아무 것이나 좋다. ·····(　)(　)

172. 여행은 내 마음대로 하는 것이 좋다. ·····(　)(　)

173. 추상적인 일에 관심이 있는 편이다. ·····(　)(　)

174. 큰일을 먼저 결정하고 세세한 일을 나중에 결정하는 편이다. ·····(　)(　)

175. 괴로워하는 사람을 보면 답답하다. ·····(　)(　)

176. 자신의 가치기준을 알아주는 사람은 아무도 없다. ·····(　)(　)

177. 인간성이 없는 사람과는 함께 일할 수 없다. ·····(　)(　)

178. 상상력이 풍부한 편이라고 생각한다. ·····(　)(　)

179. 의리, 인정이 두터운 상사를 만나고 싶다. ·····(　)(　)

180. 인생은 앞날을 알 수 없어 재미있다. ·····(　)(　)

YES   NO

181. 조직에서 분위기 메이커다. ……………………………………………………………………( )( )

182. 반성하는 시간에 차라리 실수를 만회할 방법을 구상한다. ……………………………( )( )

183. 늘 하던 방식대로 일을 처리해야 마음이 편하다. ………………………………………( )( )

184. 쉽게 이룰 수 있는 일에는 흥미를 느끼지 못한다. ………………………………………( )( )

185. 좋다고 생각하면 바로 행동한다. …………………………………………………………( )( )

186. 후배들은 무섭게 가르쳐야 따라온다. ……………………………………………………( )( )

187. 한 번에 많은 일을 떠맡는 것이 부담스럽다. ……………………………………………( )( )

188. 능력 없는 상사라도 진급을 위해 아부할 수 있다. ………………………………………( )( )

189. 질문을 받으면 그때의 느낌으로 대답하는 편이다. ………………………………………( )( )

190. 땀을 흘리는 것보다 머리를 쓰는 일이 좋다. ……………………………………………( )( )

191. 단체 규칙에 그다지 구속받지 않는다. ……………………………………………………( )( )

192. 물건을 자주 잃어버리는 편이다. …………………………………………………………( )( )

193. 불만이 생기면 즉시 말해야 한다. …………………………………………………………( )( )

194. 안전한 방법을 고르는 타입이다. …………………………………………………………( )( )

195. 사교성이 많은 사람을 보면 부럽다. ………………………………………………………( )( )

196. 성격이 급한 편이다. …………………………………………………………………………( )( )

197. 갑자기 중요한 프로젝트가 생기면 혼자서라도 야근할 수 있다. ………………………( )( )

198. 내 인생에 절대로 포기하는 경우는 없다. …………………………………………………( )( )

199. 예상하지 못한 일도 해보고 싶다. …………………………………………………………( )( )

200. 평범하고 평온하게 행복한 인생을 살고 싶다. ……………………………………………( )( )

5 도형선택형

▌1~20▐ 다음 중 자신이 선호하는 도형의 형태를 고르시오.

1.	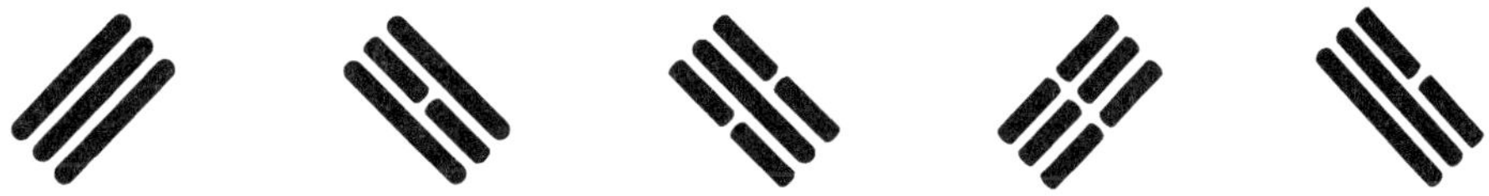
2.	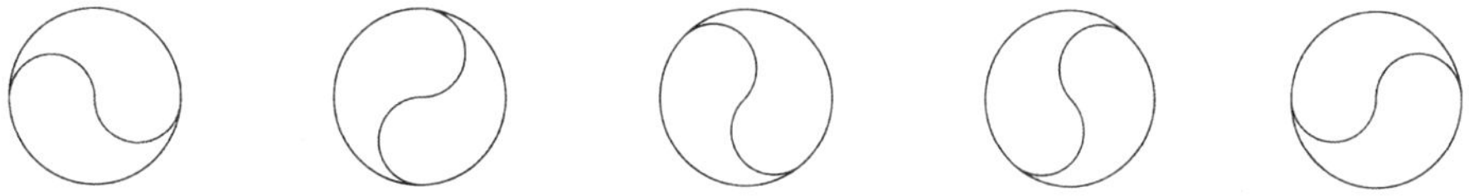
3.	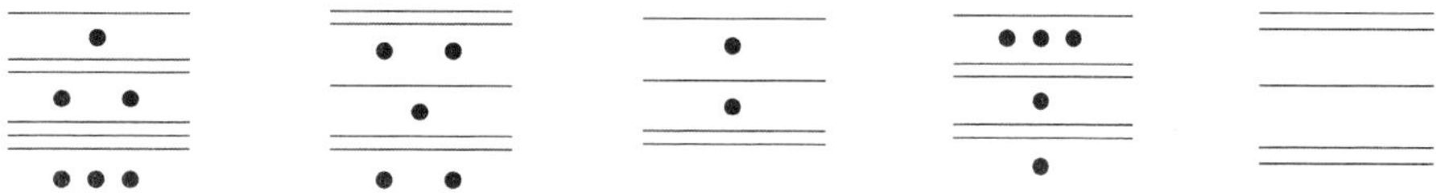
4.	① ② ③ ④ ⑤ 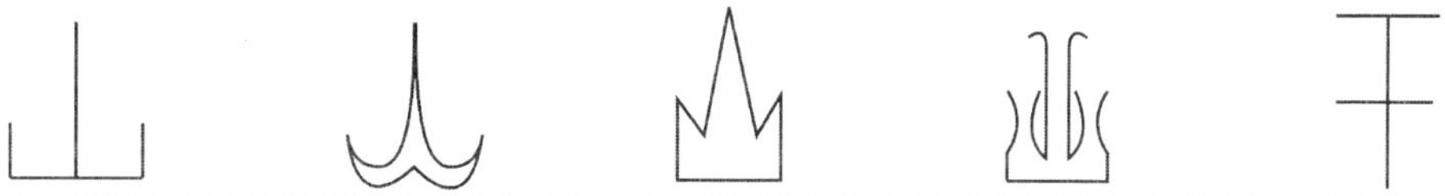
5.	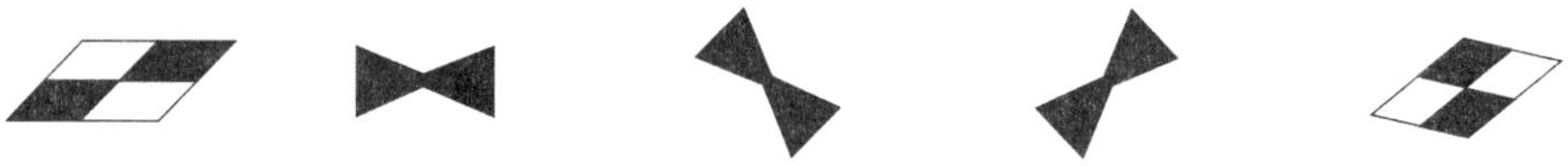
6.	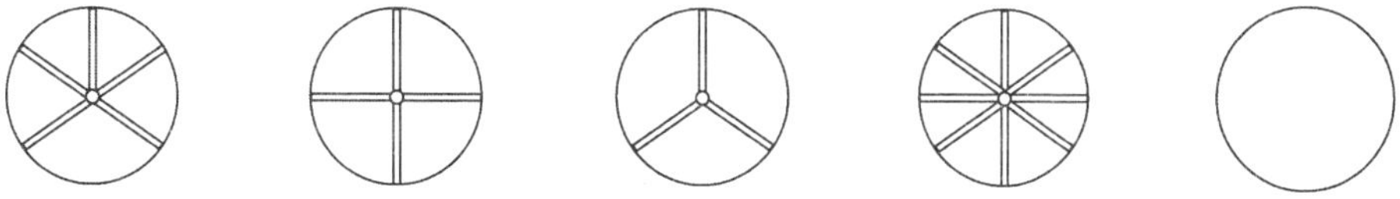
7.	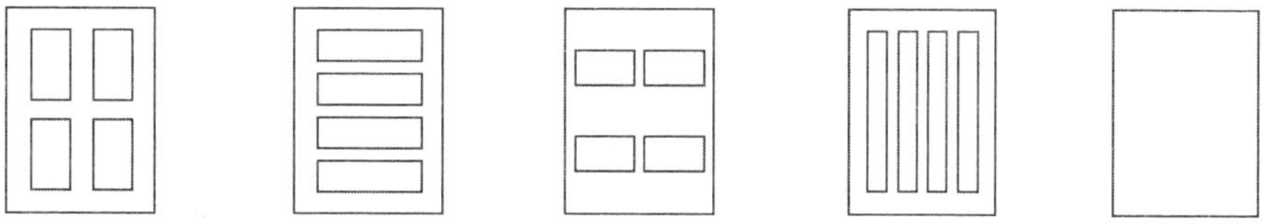
8.	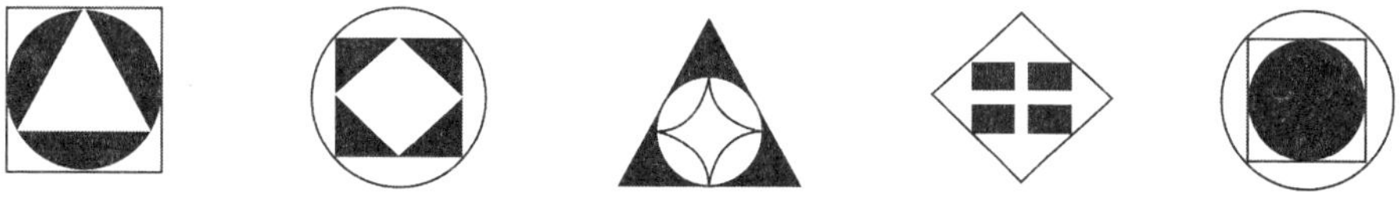

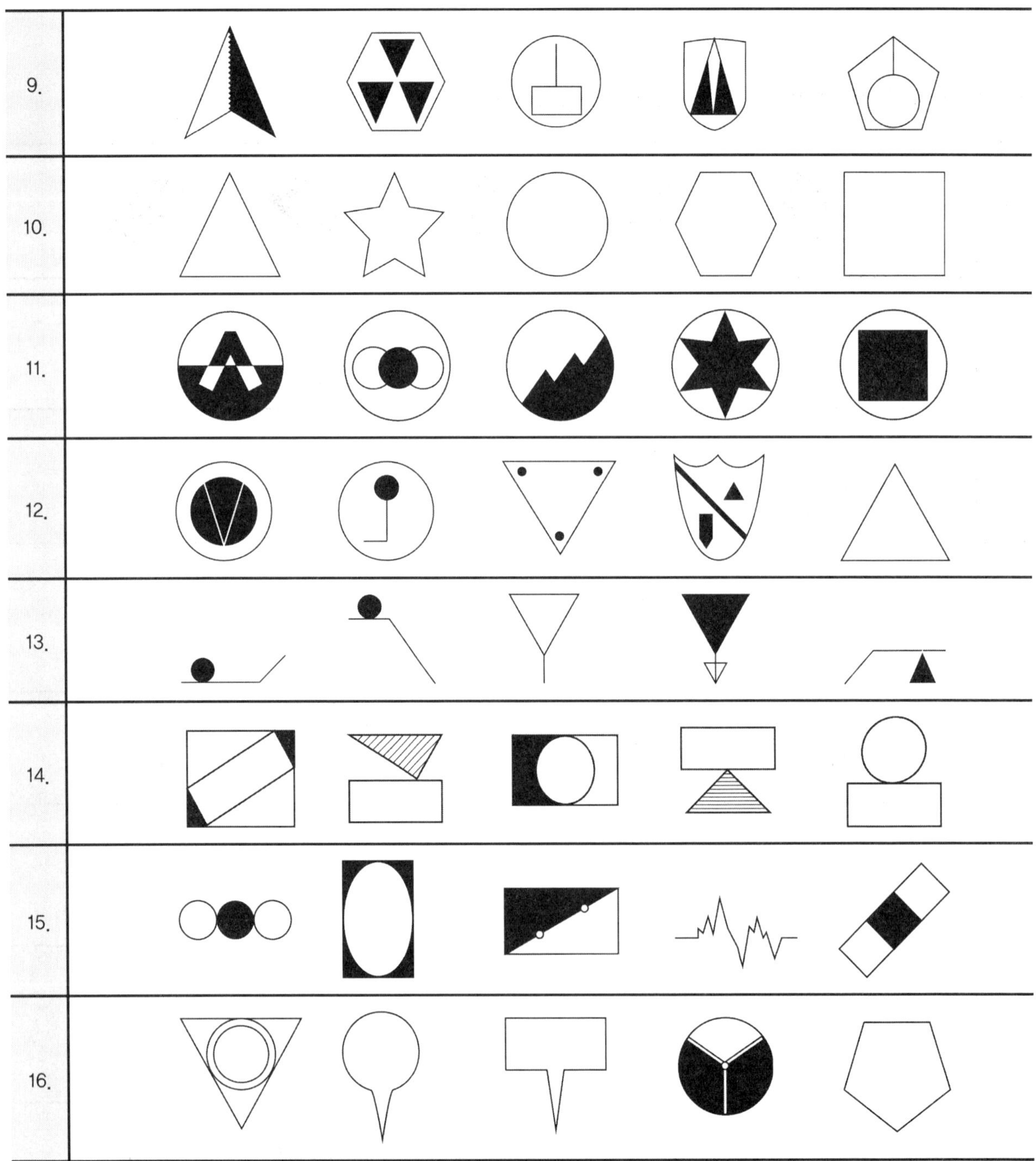

17.					
18.					
19.					
20.					

PART

04

면접

면접의 이해

1 면접 목적

(1) 역량 검증

면접은 다양한 기법을 활용하여 지원자가 직무에 필요한 능력을 보유하고 있는지 확인하는 절차이다. 지원자는 직무 수행에 필요한 요건과 관련한 자신의 경험, 관심사, 성취 등을 기업에 직접 어필하고, 인사 담당자는 기업은 서류만으로는 알 수 없는 지원자의 정보를 직접적으로 판단하고 평가한다.

(2) 강점 어필

면접은 보통 대면으로 이루어지며, 즉흥적인 질문을 포함하기 때문에 지원자가 완벽하게 준비하기 어렵다. 그러나 지원자에게는 서류 전형에서 미처 보이지 못한 실제 외국어 능력이나 커뮤니케이션 능력, 비즈니스 매너 등을 인사 담당자에게 추가로 어필하는 기회가 될 수 있다.

(3) 가치관 및 태도 확인

지원자의 성실성, 책임감, 윤리 의식 등 기본적인 인성 요소를 종합적으로 판단한다. 위기 상황에서의 태도, 실패 경험에 대한 인식 등을 통해 가치관의 방향성을 확인한다. 이는 장기 근속 가능성과도 밀접하게 연결되는 평가 요소이다.

(4) 의사소통 능력 평가

면접은 질문을 이해하고 핵심을 구조화하여 전달하는 능력을 평가하는 과정이다. 논리 전개력, 표현의 명확성, 경청 태도 등을 종합적으로 본다. 특히 조직 내 보고·협업 환경에서 원활한 소통이 가능한지를 판단한다.

(5) 성장 가능성 탐색

현재 역량뿐 아니라 향후 발전 가능성을 함께 평가한다. 피드백 수용 태도, 자기 성찰 능력, 학습 의지를 통해 잠재력을 확인한다. 즉시 투입 가능한 인재와 동시에 장기적으로 성장할 수 있는 인재를 선별하고자 한다.

② 평가 요소

(1) 경험에 대한 이해와 성찰

면접 평가에서는 지원자가 제시한 경험 그 자체보다 해당 경험을 통해 무엇을 느꼈고 어떤 발전을 이루어냈는지가 더 중요하게 고려된다. 동일한 경험이라 하더라도 문제 인식의 깊이, 판단의 기준, 성찰 정도에 따라 평가가 달라질 수 있다.

(2) 태도와 잠재력

면접관은 지원자의 의사소통 방식, 질문에 대한 반응 등을 통해 협업 능력과 발전 의지를 파악한다. 완벽한 답변보다는 겸손하면서도 주도적인 자세, 피드백을 수용하는 열린 태도, 그리고 조직의 가치관과 부합하는 직업관을 가지고 있을 때 좋은 평가를 받을 수 있다.

(3) 직무 역량

지원 직무와 관련된 이해도, 문제 해결 능력, 실무 적용 가능성을 평가한다. 경험 기반 답변이 구체적일수록 높은 평가를 받을 가능성이 크다.

(4) 의사소통 능력

질문 의도를 정확히 이해하고 구조적으로 답변하는지를 본다. 논리 전개, 핵심 전달력, 태도의 안정성이 중요한 요소이다.

(5) 조직 적합성

기업 문화와의 조화 가능성을 평가한다. 협업 태도, 갈등 해결 방식, 규범 수용 태도 등이 관찰 대상이다.

(6) 태도 및 인성

자신감, 성실성, 책임감, 예의 등을 종합적으로 판단한다. 지나친 과장이나 방어적 태도는 감점 요인이 될 수 있다.

(7) 성장 가능성

현재 능력뿐 아니라 학습 의지와 발전 가능성을 함께 평가한다. 피드백 수용 태도와 자기 성찰 능력도 중요한 요소이다.

면접 준비

① 면접 전 준비 사항

(1) 복장 및 스타일

최근 면접 복장을 점차 자율화하는 추세지만, 인사 담당자와 처음으로 만나는 자리이므로 예의를 갖춰 단정하게 입는 것이 좋다.

> - 깔끔한 셔츠나 블라우스에 슬랙스를 매치하는 것이 가장 무난하다. 여성의 경우 단정한 원피스도 좋은 선택지가 될 것이다.
> - 너무 화려한 액세서리와 넥타이, 높은 구두는 피하는 것이 좋다.
> - 헤어스타일 역시 복장의 일부이기에 단정하게 정돈한다. 앞머리가 있다면 눈을 가리지 않도록 정리한다. 여성의 경우 묶이지 않는 길이가 아니라면 깔끔하게 묶는 것을 권장한다.

(2) 조직 정보 확인

지원한 조직의 홈페이지에서 비전과 경영 목표 등을 미리 확인한다. 조직마다 지향점이 다르고, 그 지향점에 따라 지원자에게 바라는 인재상 또한 달라지기 때문이다. 조직에서 제시하는 핵심 가치나 인재상에 자신의 경험과 강점을 연결 지어 답변할 수 있도록 준비한다.

(3) 시간 준수

예절의 기본은 시간이다. 지각할 경우 면접에 응시할 수 없거나 불이익을 받을 가능성이 높다. 면접 시간과 장소가 결정되면 가장 먼저 교통편과 소요 시간을 미리 확인하도록 한다. 가능하면 사전에 방문해 본다. 면접 당일 여유를 가지고 20 ~ 30분 전에 도착하는 것이 좋다.

(4) 지원서와 자기소개서 숙지

인성 면접은 지원서와 자기소개서에 관한 내용을 바탕으로 진행하기 마련이다. 그러므로 작성했던 지원서와 자기소개서를 사전에 충분히 숙지하도록 한다. 특히 자신이 작성한 경험이나 성과에 대해 '왜 그렇게 했는지', '그 과정에서 무엇을 배웠는지' 등의 세부 내용을 명확히 알고 있어야 꼬리 질문에 대비할 수 있다.

(5) 최신 뉴스와 시사상식 파악

사회 이슈에 대한 견해나 시사상식에 관한 질문에 대비하기 위해, 지원한 분야와 관련된 최신 뉴스와 시사상식을 알아 두는 것이 좋다. 이런 부분에서 해당 조직에 대한 관심, 입사 의지, 직무 이해도 등을 보일 수 있다.

(6) 예상 질문 및 답변 준비

사전에 다빈도 기출 질문 리스트를 만들고 예상 답변을 정리해 본다. 다소 긴장한 상태에서도 자연스럽게 답할 수 있도록 반복해서 연습한다. 거울을 보며 말하거나 답변하는 자신의 모습을 동영상으로 촬영해 보는 것도 도움이 될 수 있다.

(7) 면접 점검표

점검사항	확인
① 면접 장소를 확인했다.	
② 면접 장소까지의 교통편과 소요 시간을 확인했다.	
③ 지원한 조직의 비전과 목표를 확인했다.	
④ 지원한 조직의 인재상을 확인했다.	
⑤ 면접 자리에 알맞은 복장을 준비했다.	
⑥ 헤어스타일을 단정하게 정돈했다.	
⑦ 지원서와 자기소개서를 숙지했다.	
⑧ 지원한 조직의 보도 자료를 확인했다.	
⑨ 지원 분야와 관련된 최신 뉴스를 확인했다.	
⑩ 지원 분야와 관련된 시사상식을 숙지했다.	
⑪ 다빈도 기출 질문 리스트를 만들고 예상 답변을 정리했다.	

2 면접 중 유념 사항

(1) 자세

① 인사를 할 때는 목만 숙인다거나 흐트러진 상태가 되지 않도록 주의한다.

② 걸을 때는 상체를 곧게 유지하고 발끝은 평행이 되게 하며 무릎은 스치듯 11자로 걷는다. 보폭은 어깨너비만큼이 적당하지만, 스커트를 입은 경우 보폭을 줄인다.

③ 서 있을 때는 팔을 자연스럽게 내리고 양손을 가볍게 쥐어 바지 옆선에 붙인다. 스커트를 입은 경우 공수 자세를 유지한다.

④ 앉아 있을 때 시선은 정면을 바라보며 턱은 가볍게 당기고 미소를 짓는다.

⑤ 앉고 일어날 때는 자세가 흐트러지지 않도록 의식해서 행동한다.

(2) 언어적 표현

① 인사말을 할 때는 밝고 친근감 있는 목소리로 또박또박 발성하며, 이름과 응시직렬, 수험번호 등을 간략하게 소개한다.

② 면접은 면접관과 지원자가 서로 이야기를 나누는 과정이므로 목소리가 미치는 영향력이 상당히 크다. 때문에 적절한 답변을 하더라도 자신감 없는 작은 목소리나 콧소리를 동반하면 신뢰감이 떨어질 수 있다. 부드러우면서 명확한 목소리를 유지하는 것이 바람직하다.

(3) 비언어적 표현

① 표정은 감정을 가장 잘 표현할 수 있는 의사소통 도구이며, 면접에서 지원자의 첫인상을 결정하는 중요한 요소 중 하나이다. 따라서 면접 중에는 밝은 표정으로 미소를 지어 호감을 형성할 수 있도록 한다.

② 시선은 면접관과 고르게 맞추고 생기 있는 눈빛을 띠도록 한다. 인사 시에는 상대방의 눈을 보며 하는 것이 가장 중요하지만, 너무 빤히 쳐다본다는 느낌이 들지 않도록 주의한다.

③ 면접관의 감점 포인트

(1) 질문 의도 파악 실패

질문과 무관한 답변을 장황하게 이어가는 경우 감점 요인이 된다. 면접은 말하기 시험이 아니라 질문에 정확히 답하는 능력을 평가하는 과정이다. 질문의 핵심을 파악하지 못하면 직무 이해도와 사고력에 대한 신뢰가 낮아질 수 있다.

(2) 경험의 구체성 부족

추상적인 표현이나 일반론적 답변은 실제 역량 검증이 어렵다. 열심히 했다, 최선을 다했다와 같은 표현은 설득력이 낮다. 구체적인 상황 · 행동 · 결과가 제시되지 않으면 직무 수행 가능성에 의문이 생길 수 있다.

(3) 책임 회피형 태도

실패 경험을 설명하면서 타인이나 환경 탓으로 돌리는 태도는 부정적으로 평가된다. 조직은 완벽한 인재보다, 문제를 인식하고 개선하는 인재를 선호한다. 책임을 인정하고 학습한 점을 제시하지 못하면 성장 가능성 점수가 낮아질 수 있다.

(4) 과도한 자기 연출

지나치게 이상적이거나 완벽한 모습만을 강조하면 진정성이 의심될 수 있다. 실제 경험과 동떨어진 과장된 답변은 추가 질문에서 쉽게 드러난다. 완벽한 사람보다 예측 가능한 사람을 선호한다는 점을 이해해야 한다.

(5) 비언어적 태도의 불안정성

시선 처리, 표정, 자세, 말의 속도는 신뢰감 형성에 영향을 미친다. 과도한 긴장으로 인한 급한 말투나 불안정한 태도는 준비 부족으로 해석될 수 있다. 안정된 자세와 일정한 말하기 속도는 내용 이상의 평가 요소가 된다.

1 STAR

(1) 정의 및 특징

상황과 경험 면접에서 주로 사용한다. 어려운 상황을 극복했던 경험, 갈등을 중재했던 경험 등을 묻는 질문에 답하기 좋다.

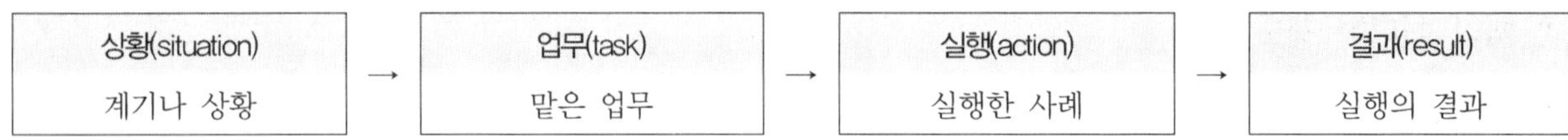

(2) 질문 답변 예시

Q. 가장 힘들었던 때와 그때를 극복해 낸 경험을 말해 보십시오.

① S : 고등학교 이 학년 때 동아리 회장직을 맡게 되었습니다. 그런데 내부 갈등으로 인원과 예산이 줄어 동아리를 폐쇄해야 할 위기에 직면했습니다.

   TIP 당시 상황과 맥락을 들어 사건의 시발점을 간결하게 제시한다.

② T : 저는 동아리 재건에 도전하기로 마음먹었습니다. 동아리 활성화를 위해 가장 중요한 것은 사람이라고 생각했고, 새로운 동아리 회원을 모집하고자 했습니다.

   TIP 주어진 책임이나 목표를 언급하며, 해결해야 했던 핵심 과제 또는 맡은 업무를 중심으로 답변한다.

③ A : 그래서 동아리 홍보 포스터를 만들어 일 학년 게시판이나 복도에 중심적으로 게시하고, 점심시간과 쉬는 시간에 선생님들께 양해를 얻어 일 학년 교실에서 동아리 홍보를 하기도 했습니다.

   TIP 중심이 되는 부분이므로 명확하게 전달한다. 문제 해결을 위해 취한 행동을 구체적으로 설명하며, 능동 표현을 사용하는 것이 좋다.

④ R : 그 결과 폐쇄 위기였던 저희 동아리는 일 년 만에 학교에서 신입생이 가장 많은 동아리가 되었고, 이후 다양한 활동을 하며 동아리를 활성화했습니다. 이 경험으로 문제 해결을 위해 주도적으로 행동하는 자세의 중요성을 배울 수 있었습니다.

   TIP 구체적인 성과를 언급하며 마무리한다. 가능하다면 수치나 객관적 지표를 제시하는 것이 효과적이다. 배운 점 또는 느낀 점을 덧붙이면 더 좋은 인상을 남길 수 있다.

 **SCAR**

(1) 정의 및 특징

압박이나 개별 면접에서 주로 사용한다. 갈등이나 위기, 도전 경험을 설명하는 데 유용하게 사용할 수 있다.

상황(situation) 상황 설명	→	위기(crisis) 위기 상황	→	행동(action) 위기 해결 행동	→	결과(result) 행동의 결과

(2) 질문 답변 예시

> Q. 갈등 상황을 중재한 적이 있습니까? 있다면 경험을 말해 보십시오.

① S : 팀 프로젝트에서 자료 분석 방향을 두고 두 명이 서로 다른 해석을 주장하며 큰 의견 차이를 보인 적이 있었습니다.

TIP 지원 분야와 관련한 전문적인 과제 및 업무 상황의 내용을 제시하면 유리하다.

② C : 가벼운 토의에서 시작했지만 분석 기준과 책임 범위를 두고 감정적인 논쟁으로까지 번졌고, 이에 따라 프로젝트가 무산될 위험까지 생겼습니다.

TIP 위기 또는 갈등 상황을 구체적으로 설명한다. 예상되었던 부정적인 결과를 덧붙이면 상황의 심각성을 더욱 설득력 있게 전달할 수 있다.

③ A : 저는 우선 갈등 악화를 막기 위해 회의를 중단하고, 이후 중립적인 기준을 바탕으로 두 주장을 정리한 뒤, 타협안을 도출해서 다음 회의 때 제시했습니다.

TIP 자신의 역할과 행동을 중심으로 답변한다. 가능한 경우 문제의 접근 방법과 합리적인 판단의 근거 등을 함께 설명하면 좋다.

④ R : 그 결과, 의견이 원만하게 통일되어 프로젝트에서 만족스러운 결과를 얻을 수 있었습니다. 저는 이를 통해 양측의 입장을 헤아려 합리적인 해결책을 제시하는 중재자의 역할을 경험했습니다.

TIP 앞서 언급한 행동의 긍정적인 결과를 제시하고, 그로 인해 얻은 교훈이나 역량으로 마무리한다.

3 PREP

(1) 정의 및 특징

토론이나 발표 면접에서 주로 사용한다. 논리적인 이유와 실제 사례 및 데이터에 기반하므로 설득력 있는 주장을 펼칠 수 있다.

주장(point) 주장 제시	→	이유(reason) 논리적 이유	→	사례(example) 근거 보충	→	주장(point) 주장 강조

(2) 질문 답변 예시

Q. 재택근무 제도에 대해 어떻게 생각하십니까?

① P : 저는 재택근무 제도에 찬성합니다. 재택근무를 확대하는 것이 조직의 발전에 도움이 된다고 생각합니다.

TIP 주장과 주장의 핵심이 되는 내용을 시작으로 답변을 전개한다. 짧고 간결한 표현을 사용하면 좋다.

② R : 업무 특성에 따라 유연한 근무 환경을 제공하면 직원들의 업무 집중도와 조직 전체의 효율성이 높아질 수 있기 때문입니다.

TIP 주관적인 판단보다는 주제를 객관적으로 파악하는 관점을 가지는 것이 좋다.

③ E : 실제로 근래에 많은 기업이 재택근무를 도입하기 시작했는데, 출퇴근 시간 단축과 자율적인 근무 환경으로 만족도와 생산성이 동시에 향상되었다는 조사 결과가 있었습니다.

TIP 근거와 직접적으로 연결되는 부연 설명을 덧붙인다. 연구 결과, 기사, 통계 등을 활용하면 신뢰성과 설득력을 높일 수 있다.

④ P : 그러므로 재택근무 제도를 적극 도입해 근무자의 업무 수행력을 높일 수 있도록 도와야 한다고 생각합니다.

TIP 마무리 단계에서 처음 주장을 반복함으로써 자신의 의견을 강조할 수 있다. 제안이나 기대 효과 등을 함께 언급하면 논리의 전문성을 높이는 데 도움이 된다.

 OREO

(1) 정의 및 특징

토론이나 발표 면접에서 주로 사용한다. 설득보다는 설명과 이해를 좀 더 중시한다는 특징이 있다.

주장(opinion) 주장 명시	→	이유(reason) 논리적 이유	→	예시(example) 구체적 예시	→	주장(opinion) 주장 강조

(2) 질문 답변 예시

> Q. 현재 동물 학대 처벌 수준에 대해 어떻게 생각하십니까?

① O : 저는 동물 학대에 대한 처벌을 크게 강화해야 한다고 생각합니다.

   TIP 도입부에서 자신의 주장을 명확하게 제시한다. 추상적이거나 애매한 입장은 피하고 확실한 태도를 갖는 편이 더욱 신뢰감을 줄 수 있다.

② R : 동물 또한 감정과 고통을 가진 존재이기 때문에 윤리적으로 충분히 보호받아야 할 필요가 있습니다. 그러나 현행 처벌 수준으로는 동물 학대의 실질적인 억제 효과가 부족합니다.

   TIP 의견을 뒷받침하는 논리적 근거를 중심으로 답변한다. 이때 주장과 이유의 인과관계를 분명히 하여, 타당하고 듣는 이가 납득하기 쉽게 구성하는 것이 좋다.

③ E : 일부 국가에서는 동물 학대에 대한 처벌을 강화한 후, 관련 범죄가 감소하고 동물 복지 의식이 높아졌다는 보고가 있습니다. 예를 들어, 독일은 헌법에 동물 보호를 명시하고 학대자에 대해 최대 3년의 징역형을 집행하면서, 동물 학대가 매우 드문 국가가 된 사례가 있습니다.

   TIP 구체적인 사례나 통계를 제시하여 주장과 이유를 보다 자세히 설명한다. 이때 검증할 수 있고 신뢰가 가는 자료를 채택하는 것이 좋다.

④ O : 따라서 동물 학대에 대한 처벌을 대폭 강화해 실질적인 동물 복지를 개선하고 사회 전반의 윤리적 수준을 높여야 한다고 생각합니다.

   TIP 핵심 의견을 다시 강조하며 마무리한다. 가능하다면 예상되는 결과나 미래 전망 등을 함께 언급해서 결론을 더 강조할 수 있다.

면접 유형 및 준비전략

1 인성면접

(1) 평정 요소

① 대인관계능력

- 처음 만나는 사람과 쉽게 친해지는 편입니까?
- 생각이 다른 동료와 함께 일했을 때 어떻게 협업했습니까?
- 업무 중 동료와 갈등이 생긴다면 어떻게 하겠습니까?

㉠ 협조성과 갈등 중재 능력, 팀워크 등을 심사하는 질문이다. 인사 담당자로서는 동료들과 얼마나 원활한 관계를 형성하고 유지해 나가는지도 중요한 평정요소이다.

㉡ 대인관계능력은 의사소통에서 시작한다. 의사소통능력은 단순히 조리 있게 말을 잘 하는 것뿐만 아니라 경청하는 자세, 문서를 읽고 쓰는 능력, 기초 외국어 능력까지 포함한다.

② 자기계발능력

- 가장 힘들었던 때와 그때를 극복해 낸 경험을 말해 보십시오.
- 입사 후 전문성을 키우기 위해 어떤 자기 계발을 할 계획입니까?
- 새로운 업무 시스템이나 절차가 도입되었을 때 빠르게 이해하고 적응했던 경험이 있습니까?

㉠ 과거에 자기 계발을 했던 경험, 또는 입사 후 포부 등 다양한 형태로 질문한다.

㉡ 과거의 경험은 자신의 부족한 점이나 약점을 인식한 후 어떤 노력을 통해 극복했는지, 입사 후 포부는 자신의 부족한 점을 어떻게 더욱 개발할지를 묻는다.

③ 스트레스 관리

- 취미가 무엇입니까?
- 자신만의 스트레스 관리법이 있습니까?
- 평소 여가시간을 어떻게 보내는 편입니까?

㉠ 스트레스를 어떻게 관리하고 해소하는지를 통해 인사 담당자는 해당 지원자가 압박 상황에서 어떻게 대처하는지를 알 수 있다.

㉡ 취미나 여가 시간을 묻는 단순한 질문에도 자신의 직무 역량과 연결해 답하는 것이 중요하다.

④ 성실성

> • 장기간 꾸준히 노력했던 경험을 말씀해 주십시오.
> • 마감 기한이 촉박했던 상황에서 어떻게 대응했는지 구체적으로 설명해 보십시오.
> • 반복적이고 단조로운 업무를 맡았을 때 어떻게 동기를 유지했습니까?

㉠ 성실하게 근무를 했었던 경험에 대해서 질문한다.

㉡ 장기 근속 여부 및 맡은 업무를 성실하게 할 수 있는 가를 중요하게 확인한다.

⑤ 책임감

> • 본인의 실수로 문제가 발생했던 경험과 그 해결 과정을 설명해 보십시오.
> • 팀 프로젝트에서 갈등이 발생했을 때 본인은 어떤 역할을 했습니까?
> • 맡은 역할 이상으로 추가적인 책임을 수행했던 경험이 있다면 말씀해 주십시오.

㉠ 업무에 책임감을 확인하는 평정요소이다.

㉡ 문제 해결을 한 경험에 대해서 빈번하게 묻는다.

⑥ 가치관 및 조직적합성

> • 조직 내에서 규정과 개인의 판단이 충돌한다면 어떻게 행동하시겠습니까?
> • 본인이 중요하게 생각하는 직장인의 덕목은 무엇입니까?
> • 상사의 지시가 본인의 생각과 다를 경우 어떻게 대응하겠습니까?

㉠ 가치관을 확인하는 질문을 하는 평정요소이다.

㉡ 인성검사 결과와 연관되는 질문을 빈번하게 하는 편이다.

⑦ 의사소통 태도 및 안정성

> • 본인의 의견이 받아들여지지 않았던 경험을 설명해 보십시오.
> • 예상치 못한 질문을 받았을 때 어떻게 대응하시겠습니까?
> • 면접과 같은 긴장 상황에서 본인을 어떻게 조절합니까?

㉠ 의사소통 및 소통능력을 확인하는 평정요소이다.
㉡ 동료들과 의사소통을 통해서 갈등을 해결한 경험을 주요하게 물어본다.

(2) 준비전략

인성면접은 지원자의 인품을 넘어 상기 평정 요소들을 평가하는 일종의 구술시험이다. 따라서 인성 평가라는 사고에 갇혀 무난한 모범 대답만 반복하는 것은 피해야 한다. 질문의 의도를 파악하고 그것을 조리 있게 말하는 능력이 중요하다. 주로 지원서나 자기소개서에 기반으로 하는 질문 또는 사회적으로 쟁점이 되는 뉴스와 시사상식에 대한 견해를 묻기 때문에 해당 내용을 사전에 숙지해야 한다.

2 직무면접

(1) 평정 요소

① 직무상식

> • A 프로그램을 사용할 수 있습니까?
> • 해당 업무를 수행할 때 바람직한 태도는 무엇입니까?
> • 직무와 관련해 개인적으로 학습하거나 준비한 것이 있습니까?

㉠ 직무를 수행할 최소한의 학습 경험과 이해도·관심도를 갖추었는지를 평가한다.

㉡ 해당 직무를 담당할 때 필요한 기초 지식과 태도 등의 이해를 필요로 한다.

㉢ 전공 개론 수준의 이론 또는 사용하는 툴이나 프로그램 등을 묻는다.

② 응용능력

> • 업무 과정에서 비효율적인 부분을 발견하고 개선한 경험이 있습니까?
> • 업무에서 실수를 줄이고 정확성을 유지하기 위한 자신만의 방법이 있습니까?
> • 업무 마감 시간이 얼마 남지 않았는데 시스템 오류가 발생했다면 어떻게 하겠습니까?

㉠ 직무 지식을 실제 현장에서 응용할 수 있는지 파악하기 위한 질문이다.

㉡ 직무와 관련된 상황을 분석하고 해결 전략을 제시하는 논리적 사고를 필요로 한다.

㉢ 어떠한 상황을 주고 그 상황에서 본인이라면 어떻게 할 것인지를 묻는 경우가 많다.

③ 직무이해도

> • 이 직무를 수행하는 데 가장 중요한 역량은 무엇이라고 생각합니까?
> • B 법이 다음 달부터 개정 발효되는데 이유를 알고 있습니까?
> • C 안건을 본인이 한다면 어떤 순서로 하겠습니까?

㉠ 지원하는 업무를 정확히 이해하고 있는지를 확인하기 위한 질문이다.

㉡ 자신이 어떤 일을 해야 하는지 알고 해당 직종의 정책 및 지향점을 명확히 파악하는 것이 중요하다.

㉢ 직무에 대한 세부적인 질문을 받았을 때, 기업의 비전 또는 미션과 해당 직무의 역할을 연결 지어 답변하는 것 또한 좋은 어필이 된다.

(2) 준비전략

직무면접은 지원자의 직무 적합성을 검증하기 위한 면접이므로, 지원하는 직무에 대한 기본 이론부터 응용 상식까지 포괄적인 내용을 숙지하는 것이 중요하다. 채용 공고의 직무 설명, 홈페이지의 기업의 직무 소개, NCS 직무기술서 등을 토대로 필요 역량과 툴 등을 명확하게 파악하도록 한다.

③ AI 면접

(1) 특징

AI가 면접관 역할을 대신하는 비대면 면접 유형 중 하나이다. 화상 카메라, 마이크 등을 준비해야 한다는 번거로움이 있지만, 시간과 장소의 제약이 없다는 것이 장점이다. AI가 지원자의 시선, 말투, 표정, 제스처까지 전부 분석하고 많은 인원의 면접을 빠르게 치를 수 있다는 점에서 AI 면접을 선호하는 곳이 늘고 있다.

(2) 준비전략

① AI 면접에서는 시선처리와 발음, 응답속도가 중요한 평가 요소로 작용한다. 많은 지원자가 카메라가 아닌 화면을 보는 실수를 하는데, AI 면접 시에는 화면이 아닌 카메라를 정확히 보는 연습을 하는 것이 좋다.

② 음성 인식 정확도를 높이기 위해서는 또박또박 천천히 말하고, 질문이 끝난 뒤 2 ~ 3초 정도의 간격을 두고 대답한다.

④ 개별면접

(1) 특징

한 명 또는 여러 명의 면접관과 한 명의 지원자가 면접을 치르는 것이다. 지원자가 한 명인 만큼 심층적인 질문과 다양한 꼬리 질문을 받는다. 지원자의 사고 과정과 태도를 집중적으로 검증할 수 있다는 특징이 있다.

(2) 준비전략

① 심화 질문에 대비하기 위해서는 채용 공고, 기업의 비전과 미션, 보도 자료, 직종과 관련된 시사상식, 최근 이슈, 지원서와 자기소개서 등을 모두 꼼꼼하게 숙지하도록 한다.

② 다 대 일 면접의 경우 심리적 압박감이 강할 수 있으므로 모의 면접을 통해 여러 면접관의 질문에 차분히 대응하는 연습을 해두는 것이 좋다.

③ 한 면접관의 질문에 답변할 때도 다른 면접관들과 자연스럽게 시선을 나누며 소통하는 자세를 유지해야 한다.

5 토론면접

(1) 특징

면접자들을 조별로 나누어 특정 주제를 주고 찬반 토론을 하도록 하는 면접이다. 토론을 통해 도출해 낸 최종안도 중요하지만, 결론을 도출하는 과정에서의 의사소통능력 및 갈등 상황에서 의견을 조정하는 대처 능력 등도 중요하게 평가된다.

(2) 준비전략

① 적극적으로 나의 의견을 주장하는 것도 중요하지만, 경청하고 조정하는 능력도 평정 요소 중 하나라는 사실에 유념하여 토론에 임해야 한다. 다른 사람이 발언할 때 고개를 끄덕이거나 적절한 반응을 보이며 경청하는 비언어적 커뮤니케이션을 잊지 않도록 한다.

② 주제는 주로 최근 사회 이슈나 업계 관련 쟁점 중에서 나오는 경우가 많으므로 이를 중심으로 공부하는 것이 좋다.

6 상황면접

(1) 특징

실제 업무 중 마주할 수 있는 상황을 제시하고 어떻게 행동할 것인지를 묻는 방식으로 진행하는 면접이다. 현장에서 겪을 수 있는 상황을 제시함으로써 입사 이후의 실제적인 업무 수행 능력을 중점적으로 평가한다.

(2) 준비전략

① 상황면접 특성상 면접 질문이 길다는 점에 유의한다. 질문의 핵심 의도를 짚어내고 적절한 답을 제시할수록 높은 점수를 얻을 수 있다.

② 다양한 관점을 고려하여 어려운 문제 상황에 대한 답을 미리 생각해 보고 구조화된 면접 답변을 준비하는 것이 좋다.

⑦ 비대면 면접

(1) 특징

면접관과 지원자가 대면하지 않은 상태에서 진행하는 면접이다. 화상 프로그램을 통해 면접관과 질의문답을 주고받는 것과, 주어진 주제나 질문에 답하는 모습을 녹화하여 제출하는 것 두 종류로 나뉜다. 면접관이 사람이라는 점에서 AI 면접과는 차이가 있다.

(2) 준비전략

① 카메라와 마이크가 잘 작동하는지, 프로그램 설치나 설정이 맞게 되어있는지를 사전에 반드시 점검하도록 한다.

② 화면이 아닌 카메라 렌즈를 향해서 자연스러운 시선 처리를 유지하고, 질문이 끝난 뒤 2 ~ 3초의 간격을 두고 또렷하게 답변하는 것이 좋다.

③ 시스템 오류 등의 예상치 못한 상황이 벌어지더라도 당황하지 않고 침착하게 담당자의 안내에 따르도록 한다.

⑧ 외국어 면접

(1) 특징

외국어로 진행되는 면접으로, 외국계 기업이나 업무상 외국어를 많이 사용하는 직종에서 주로 시행한다. 전문용어나 비즈니스 매너 등까지 전반적으로 갖춰야 하므로, 원어민 면접관이 면접을 진행하는 때도 많다.

(2) 준비전략

① 중요한 건 자신감이다. 면접장에서 외국어를 완벽하게 구사해야 한다는 사실을 부담스러워하는 지원자가 많다. 그러나 완벽하지 않더라도 자신감 있게 나를 표현하는 모습이 좋은 평가를 받을 수 있다.

② 문화권마다 예의범절이나 비즈니스 매너 등이 다르다는 점에 유의하고 미리 숙지하도록 한다.

⑨ 발표면접 (PT면접)

(1) 특징

지원자가 제시된 특정 주제와 자료를 토대로 자기 생각을 발표하는 면접이다. 주어진 자료에서 핵심 주제와 맥락을 짚어낼 수 있는 능력과, 그것들을 기반으로 문제를 해결할 수 있는 능력 등이 주요 평정 요소이다.

(2) 준비전략

① 주제와 상황을 명징하게 파악하는 것이 가장 중요하다. 강조하고자 하는 핵심을 찾아내고, 서론 – 본론 – 결론의 체계적인 구조를 사용하여 이를 드러내는 것이 좋다.

② 발표할 때는 주어진 시간을 엄수하여 명확하고 자신 있는 태도로 한다.

⑩ 다(多) 대 다(多) 면접

(1) 특징

다수의 면접관과 다수의 지원자가 함께 면접을 보는 것이다. 개별 역량뿐만 아니라 다른 지원자들과의 상호작용, 경쟁 상황에서의 태도 등을 종합적으로 평가한다. 제한된 시간 내에 자신을 효과적으로 드러내야 하는 점이 어렵지만, 다른 지원자와 비교하여 자신의 취약점이나 강점을 파악할 수 있다는 장점도 있다.

(2) 준비전략

① 사람들 사이에서 자신을 보여주는 것도 중요하지만, 다른 지원자들을 향한 태도도 중요하다. 다른 지원자가 답변할 때는 그 지원자를, 면접관이 질문할 때는 그 면접관을 바라보며 경청하는 태도를 보인다.

② 다른 지원자와 답변이 겹치지 않도록 한 질문에 다양한 답변을 준비하는 것이 좋다.

Q. 자기소개를 간단하게 해 보세요.

A. 안녕하십니까, A사 B계열에 지원한 OOO(이)라고 합니다. 저는 제 핵심 강점인 책임감을 바탕으로, 어느 조직에서나 끈질긴 분석과 협업을 통해 목표 달성에 기여하고자 노력해 왔습니다. 이 과정에서 업무에 필요한 문제 해결 능력과 추진력 또한 키울 수 있었습니다. 실제로 여러 프로젝트에 참여하여 직접 제안한 아이디어로 성과 개선에 기여한 경험이 있습니다. 입사 후에도 이러한 역량과 경험을 바탕으로 빠르게 업무에 적응하고, 장기적으로는 A사의 핵심 인재로 성장할 수 있도록 노력하겠습니다. 감사합니다.

> **TIP** 블라인드 면접 시 학교명이나 나이 등의 신상정보를 빼고, 직무와 관련된 강점 중심으로만 답변해야 한다. 자신의 성향을 한 문장으로 요약하고, 이어서 간단한 경험으로 근거를 제시한 뒤, 그 역량이 지원 직무에 어떻게 도움이 되는지 언급하며 마무리하면 좋다.

Q. 우리 회사를 지원한 이유는 무엇입니까?

A. 회사의 성장 방향성 및 추구하는 목표가 제 가치관과 역량에 잘 맞는다고 생각했기 때문입니다. 저는 조직의 성격과 구성원의 역량이 맞닿을 때 가장 큰 성과를 만든다고 믿습니다. A사가 명확한 목표를 갖고 체계적으로 성장 전략을 실천하는 조직 문화를 갖추고 있으며, 구성원들이 도전하면서도 협업을 중시하는 환경에서 일하고 있다는 점이 인상 깊었습니다. 저 또한 A사에서 책임감 있게 협업하고 결과를 내는 사람으로 성장하고 싶어 지원했습니다.

> **TIP** 홈페이지나 채용 공고에서 언급되는 핵심 가치 또는 인재상을 파악하고, 이를 자신의 성향과 연결 지어 기업과 자신의 지향점이 일치함을 강조하는 것이 바람직하다. 마무리는 능동적이고 미래지향적인 표현을 사용해 입사 의지를 드러내면 좋다.

Q. 해당 직무에 지원한 이유는 무엇입니까?

A. 저는 문제를 해결하고 가치를 창출하는 과정에서 큰 성취를 느끼는 사람입니다. 해당 직무가 분석을 바탕으로 명확한 결과를 만들어내며, 팀과 조직 목표 달성에 직접적으로 기여할 수 있다는 점이 매력적으로 다가왔습니다. 이전에도 주어진 과제를 체계적으로 분석하고 접근하여 성과를 낸 경험이 많이 있습니다. 때문에 해당 직무에서 제 흥미와 역량을 가장 효과적으로 발휘할 수 있다고 생각했습니다.

TIP 직무에 대한 지원자의 이해도와 직무 적합성을 파악하기 위한 질문이다. 효과적인 답변을 위해서는 지원하는 직무의 핵심 역할을 정확히 파악하고 있다는 사실을 드러내고, 그 안에서 자신의 역량을 발휘할 수 있다는 점을 어필하는 것이 좋다. 해당 역량을 효과적으로 발휘한 사례를 더하면 설득력을 높일 수 있다.

Q. 자신의 장·단점은 무엇이라고 생각합니까?

A. 저의 장점은 인내심입니다. 어렵고 힘든 문제를 만나도 쉽게 포기하지 않고 해결할 때까지 끊임없이 노력하기 때문입니다. 단점은 목표가 없으면 쉽게 나태해진다는 점입니다. 이를 극복하기 위해서 평소에도 맡은 일에 단계별로 구체적인 목표와 계획을 세우고 점검하는 습관을 만들었습니다.

TIP 장·단점을 묻는 질문은 자신의 약점을 어떻게 관리하고 성장의 계기로 삼는지를 평가하기 위한 목적이 있다. 따라서 단점을 언급할 때는 너무 사소하거나 추상적인 것보다는 개선 가능성과 보완 의지를 드러낼 수 있는 현실적인 문제를 제시하는 것이 좋다.

Q. 취미가 무엇입니까?

A. 제 취미는 조깅입니다. 운동을 하면 몸과 마음이 개운해질 뿐만 아니라 생각도 정리할 수 있기 때문입니다. 건강관리에 큰 도움이 되고 있기 때문에 조금 바쁘거나 피곤하더라도 시간을 내 꾸준히 조깅이나 산책을 하고 있습니다.

TIP 취미를 통한 지원자의 성실성, 자기관리 태도 등을 파악하려는 의도를 내포한다. 따라서 단순히 '운동을 좋아한다', '독서를 한다'처럼 열거식으로 답하기보다, 해당 취미가 자신에게 어떤 긍정적 영향을 주는지를 들어 답변하는 것이 바람직하다.

Q. 여가 시간은 주로 어떻게 보냅니까?

A. 여가 시간에는 주로 취미인 조깅을 하면서 보내는 편입니다. 하지만 밤이거나 날씨가 안 좋을 때는 책이나 영화를 보기도 합니다. 중요한 것은 균형 있는 활동과 휴식을 통해 체력을 관리하며 업무 시간에 필요한 집중력을 확보하는 것이라고 생각합니다.

> **TIP** 시간 분배와 자기관리에 대한 체계적인 태도나 긍정적으로 업무 에너지를 회복하는 모습을 보이면 좋은 인상을 남길 수 있다. 이는 주어진 자원을 효율적으로 활용하고 장기적인 업무 수행에서도 안정적인 성과를 낼 수 있는 사람으로 평가 받는 데 도움을 준다.

Q. 자신만의 스트레스 해소법이 있습니까?

A. 스트레스를 받는 상황이 생기면 우선 감정적으로 반응하기보다 이성적으로 상황을 정리하고 마음을 다스릴 수 있도록 노력합니다. 보통 짧은 산책이나 조깅으로 생각을 환기하는 것이 도움 되었습니다. 스트레스 해소는 감정 배출이 아닌 문제를 해결하기 위한 정리 과정이라고 생각하고 있습니다.

> **TIP** 긍정적이며 건강한 방법을 제시하고, 구체적인 예시를 들어 자신만의 스트레스 해소법을 언급하는 것이 좋다. 이를 통해 압박 상황에서도 일의 균형과 효율을 유지할 수 있는 안정적인 지원자로 인식될 가능성이 높다.

Q. 가장 최근에 읽은 책은 무엇입니까?

A. 카시와기의 「데이터 문해력」을 읽었습니다. 데이터를 어떻게 해석하고 업무 의사결정에 활용할 것인지에 대한 책입니다. 데이터 활용 능력이 더욱 중요해지고 있는 시대인 만큼 데이터를 통해 실제 문제를 해결하는 방법을 더 잘 이해해야 한다고 생각했습니다. 책을 읽으며 데이터를 다루는 기술적 역량뿐만 아니라 그 속의 맥락을 이해하는 능력도 함께 키워야겠다고 느꼈습니다.

> **TIP** 자기 계발과 직무 역량 향상을 위해 노력하는 태도를 어필할 수 있는 질문이다. 단순히 책의 줄거리나 내용 요약을 말하기보다, 그 책을 통해 무엇을 느꼈고 어떤 점을 배우게 되었는지를 중심으로 답변하면 설득력이 높아진다.

Q. 자신을 리더라고 생각합니까, 팔로워라고 생각합니까?

A. 저는 팔로워에 좀 더 가깝다고 생각합니다. 지금까지 상황을 분석하고 소통하는 능력을 통해 리더의 아래에서 팀을 하나로 만든 경험이 많았기 때문입니다. 그러나 좋은 팔로워의 경험이 있어야 좋은 리더도 될 수 있다고 생각합니다. 조율이 필요한 순간에는 앞장서서 의견을 모으고 정리하는 리더 역할도 마다하지 않고자 합니다. 팀의 성과를 위해 두 역할을 유연하게 수행하는 사람이 되겠습니다.

> **TIP** 자신의 강점과 역량에 대해 충분히 이해하고 있는 것이 중요하다. 구체적인 경험을 근거로 들어, 적절한 자리에서 스스로의 역할을 충실히 수행할 수 있는 인재라는 점을 설명한다. 가능하다면 한쪽만 일방적으로 강조하기보다 두 역할을 상황에 따라 조화롭게 수행할 수 있는 유연성을 보여주어도 좋다.

Q. 자신보다 어린 상사에 대해 어떻게 생각합니까?

A. 나이보다는 개인이 가진 전문성과 역량이 더 중요하다고 생각하므로 개의치 않습니다. 실제로 인턴 활동 중 저보다 어린 선배와 함께 일했던 적이 있습니다. 그분은 업무 경험이 많고 문제 해결 능력이 뛰어났기 때문에 옆에서 많이 여쭤보고 배울 수 있었습니다. 조직에서 상사라는 사실은 그만큼 인정받은 경력이 있다는 의미이기 때문에, 나이와 관계없이 존중하며 배우는 자세로 임하겠습니다.

> **TIP** 조직 내 위계에 대한 이해도와 관계 유연성을 파악하기 위한 목적이 있다. 합리적인 근거와 경험을 토대로 연령보다 역량을 중시하는 성숙한 사고방식을 드러내는 것이 좋다.

Q. 상사가 업무와 무관한 사적인 일을 시킨다면 어떻게 하겠습니까?

A. 먼저 지시받은 일의 목적과 필요성을 여쭤보겠습니다. 신입사원인 만큼 제가 해당 지시의 의미를 제대로 파악하지 못했을 수 있다고 생각하기 때문입니다. 그럼에도 명백히 업무와 무관한 사적인 일이라고 판단되면, 현재 더 필요한 업무에 집중하기 위해서 정중하게 거절하겠습니다.

> **TIP** 지원자의 문제 대처 능력, 윤리관 등을 평가할 수 있는 질문이다. 우선 상황을 객관적으로 파악하려는 시도 이후 합리적인 결정을 내리는 모습을 보이면 보다 긍정적인 평가를 받을 수 있다. 언행에서는 예의와 조직 존중의 자세를 잃지 않는 태도 또한 중요하다.

Q. 원하지 않는 지방이나 외국으로 발령을 받는다면 어떻게 하겠습니까?

A. 지원할 때 순환근무에 대한 사실을 충분히 숙지했기 때문에 기꺼이 받아들일 준비가 되어있습니다. 저는 환경이 바뀌는 것을 어려워하지 않고, 새로운 일에 도전하는 것을 좋아하는 편입니다. 물론 처음에는 낯설 수도 있지만, 그만큼 다양한 경험을 쌓고 폭넓은 시각을 갖춰 보다 성장하는 기회로 삼고자 합니다.

TIP 기업의 인사 정책을 존중하면서도 변화에 긍정적으로 대응하려는 자세로 답변하는 것이 바람직하다. 즉, 곤란하다거나 어렵다고 단정 짓기보다는 이를 성장의 기회로 삼아 조직에 기여하겠다는 의지를 드러내는 것이 좋다.

Q. 과도한 업무가 주어져서 일과 개인 시간의 밸런스가 무너진다면 어떻게 하겠습니까?

A. 우선은 저의 업무 처리 방식을 점검해보겠습니다. 업무에 요령이 부족하거나 서툴러서 생긴 문제일 수 있으므로 이를 개선해야 한다고 생각합니다. 선배님께 효율적인 방법을 여쭤보고 불필요한 시간을 줄이는 법을 익힐 계획입니다. 그런데도 업무량이 과다하다고 느껴진다면, 팀 내 상급자분께 상담을 요청해 조율하겠습니다.

TIP 먼저 스스로 업무를 완수하려는 의지를 보이고, 개인의 역량을 넘는 불가피한 상황임을 인지했을 때는 구체적인 해결 전략을 제시하여 원만한 문제 해결 능력과 소통 능력을 갖추었음을 밝히는 것이 바람직하다.

Q. 만약 이번 채용에 불합격한다면 어떻게 하겠습니까?

A. 겸허히 결과를 받아들이고 준비 과정에서 부족했던 부분을 점검하는 계기로 삼겠습니다. 특히 면접을 준비하며 느꼈던 제 역량의 한계나 보완이 필요하다고 생각한 부분을 중심으로 다시 정리하고, 관련 경험과 역량을 보완해 나가겠습니다.

TIP 채용 결과와 관계없이 지원자의 회복 탄력성, 직무에 대한 지속적인 관심과 준비 의지를 확인하고자 하는 질문이다. 감정적으로 반응하기보다는 자신에게 부족했던 점을 돌아보고 향후 계획을 성숙하게 수립하겠다는 태도를 보이는 것이 좋다.

1 **직업기초능력면접(개별면접)**

① 한국수력원자력의 장점과 미래 전망에 대해 말해보시오.

② 지원분야의 업무를 수행하기 위해 노력했던 것들에 대해 말해보시오.

③ 자신이 했던 행동 중 가장 개혁적이라고 생각되는 것에 대해 말해보시오.

④ 한국수력원자력이 벤치마킹 할 수 있는 회사와 그 이유를 말해보시오.

⑤ 원자력발전소의 발전 원리에 대해 말해보시오.

⑥ '취직을 하면 이런 사람은 되지 않겠다.'를 말하고 자신은 어떤 직원이 되고 싶은가?

⑦ 직장 상사가 나보다 어리면 어떻게 할 것인가?

⑧ 상사에게 부당한 지시를 받으면 어떻게 할 것인가?

⑨ 자신의 취미와 특기에 대해 말해보시오.

⑩ 최근 주의 깊게 본 시사 이슈는 무엇인가?

⑪ 지방이나 오지 근무에 대해 어떻게 생각하는가?

⑫ 자신만의 스트레스 해소법은 무엇인가?

⑬ 자신이 좋아하는 인간상과 싫어하는 인간상에 대해 말해보시오.

⑭ 10년 후 자신의 모습에 대해 말해보시오.

⑮ 프로의식이 무엇이라고 생각하는가?

⑯ 전공과 성격 외에 한수원에 기여할 수 있는 것은?

⑰ 소통과 관련된 에피소드를 말해보시오.

⑱ 왜 한수원에 지원했는가?

⑲ 언제부터 한수원 입사를 꿈꾸게 되었는가?

⑳ 원전에 반대하는 사람들에 대해 어떻게 생각하는가?

㉑ 고소득전문직인데 월 100만원 받고 다닐 수 있는가?

2 **직무수행능력면접(집단면접, 토론)**

① 전자 건강보험증의 도입에 대한 찬·반 토론을 하시오.

② 공기업의 수익성과 공익성 중 어느 하나를 선택하고 토론하시오.

③ 한국수력원자력이 지역주민과 친해질 수 있는 방안에 대해 토론하시오.

④ 원자력발전의 장점과 단점을 말하고 최근 사회적 이슈가 되고 있는 원자력발전 중지에 대해 찬·반 토론을 하시오.

⑤ 비용과 효율성 측면에서 신재생에너지 개발에 대한 찬·반 토론을 하시오.

⑥ 원자력발전의 필요성과 안전성에 대해 지역주민들을 설득해 보시오.

⑦ 원자력발전소 사고가 났을 경우 선 조치 후 보고에 대한 찬·반 토론을 하시오.

⑧ 방사능 유출에 대한 획기적인 대책을 제시하시오.

3 **창의면접(집단면접)**

① 체육대회 개최를 위한 창의적 아이디어를 제시하고 시행방안을 구상하시오.

② 지역주민과의 원활한 소통을 위한 창의적인 아이디어를 제시하고 시행방안을 구상하시오.

③ 안전한 원자력발전소 건설을 위한 창의적인 아이디어를 제시하고 시행방안을 구상하시오.

④ 신재생에너지 개발에 대한 창의적인 아이디어를 제시하고 시행방안을 구상하시오.

⑤ 방사성폐기물 처리에 대한 창의적인 아이디어를 제시하고 시행방안을 구상하시오.

⑥ 서울 다산콜센터 직원이 하루에 민원을 몇 건을 받겠는가?

시사용어사전

매일 접하는 각종 기사와 정보! 공기업/언론사/기업체/공무원 채용을 준비하는 수험생과
현대인이 꼭 알아야 할 최신 시사상식을 쏙쏙 뽑아 이해하기 쉽도록 영역별로 정리

경제용어사전

주요 경제용어는 거의 다 실었다! 금융권/공기업/언론사/기업체/공무원 채용을 준비하기 전에,
경제 공부를 시작하기 전에 읽어보면 경제가 쉬워지도록 사전식으로 구성

부동산용어사전

부동산에 대한 이해를 높이고 부동산의 개발과 활용, 투자 및 부동산 용어 학습에도
적극적으로 이용할 수 있는 교재, 공인중개사 출제용어도 수록

자격증

한번에 따기 위한 서원각 교재

한 권에 준비하기 시리즈 / 기출문제 정복하기 시리즈를 통해 자격증 준비하자!